乡村振兴背景下我国乡村旅游精准扶贫研究

——以武陵山区凤凰县为例

何琼峰 著

中国财经出版传媒集团
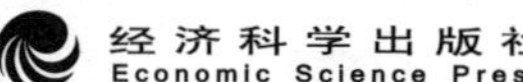
经济科学出版社
Economic Science Press

图书在版编目（CIP）数据

乡村振兴背景下我国乡村旅游精准扶贫研究：以武陵山区凤凰县为例/何琼峰著．—北京：经济科学出版社，2020.10
ISBN 978－7－5218－2008－9

Ⅰ.①乡…　Ⅱ.①何…　Ⅲ.①乡村旅游－扶贫－研究－凤凰县　Ⅳ.①F592.764.4②F323.8

中国版本图书馆 CIP 数据核字（2020）第 206311 号

责任编辑：孙丽丽　纪小小
责任校对：李　建
责任印制：李　鹏　范　艳

乡村振兴背景下我国乡村旅游精准扶贫研究
——以武陵山区凤凰县为例
何琼峰　著
经济科学出版社出版、发行　新华书店经销
社址：北京市海淀区阜成路甲 28 号　邮编：100142
总编部电话：010－88191217　发行部电话：010－88191522
网址：www.esp.com.cn
电子邮箱：esp@esp.com.cn
天猫网店：经济科学出版社旗舰店
网址：http://jjkxcbs.tmall.com
北京季蜂印刷有限公司印装
710×1000　16 开　9.75 印张　160000 字
2020 年 12 月第 1 版　2020 年 12 月第 1 次印刷
ISBN 978－7－5218－2008－9　定价：42.00 元
（图书出现印装问题，本社负责调换。电话：010－88191510）

他序

借力资本，依靠农民，
创新发展新时代乡村旅游

乡村旅游正在迎来新时代转型升级的战略机遇期。2018年《中共中央国务院关于实施乡村振兴战略的意见》（“中央一号文件”）全面谋划乡村振兴，多次提及乡村旅游，为新时代乡村旅游发展指明了方向、画出了重点、优化了政策环境。国务院发布的《“十三五”旅游业发展规划》要求，“通过发展乡村旅游，带动2.26万个建档立卡贫困村脱贫”，表明乡村旅游已经成为“新风口”。随着新农村建设和精准扶贫的成效显现，“看得见山，望得见水，记得起乡愁”的美丽乡村梦想开始成为现实，越来越多的城镇居民愿意选择乡村作为周末和节假日旅游目的地。2017年，乡村旅游市场规模已经达到25亿人次和1.4万亿元①；中国旅游研究院（文化和旅游部数据中心）专题数据显示，从国庆中秋八天长假的专项数据来看，全国乡村旅游共接待了2.16亿人次，平均出游时间为55.8小时，平均出游半径147千米，其中过夜游客比例为63.46%，跨市和跨省出游比重为45.32%②。

在看到常态化消费拉动的市场机遇的同时，也要看到消费行为新变化所带来的挑战。今天的乡村旅游早已经不是吃农家饭、住农家院、采摘、田园观光的“农家乐”所能涵盖的了，而是在深度体验和生活方式分享的基础上，由资本、文创、技术和人才等新动能推动的田园综合体、旅游小镇、康养基地、精品观光线路。当代乡村旅游已经形成了互联网推广、文化创意、现代农业、民宿、康养、特色餐饮和物流配送等日趋完善的产业

---

① 《去年我国乡村旅游达25亿人次，成为国内旅游消费主市场》，新华社，http://www.gov.cn/xinwen/2018-10/25/content_5334390.htm，2018年10月25日。

② 《乡村旅游靠品牌上台阶》，新华网，https://baijiahao.baidu.com/s?id=1597405594265499605&wfr=spider&for=pc，2018年4月11日。

链条，也有效促进了乡村道路、停车场、移动互联网等基础设施和公共服务体系的完善，以及乡村治理水平的提升。

新时代的乡村旅游必须立足本乡土，面向当代，依靠农民。无论城市近郊、知名景区的周边，还是中国老少边穷地区的旅游资源富集区，乡村旅游的发展固然需要来自城镇的游客带动，或者说以本地的资源、产品和服务实现国民大众的旅游权利，但都必须坚持旅游促进地方经济社会发展和农民增收致富的根本方向。这不仅是国家政策和旅游伦理的目标，也是旅游经济发展规律的内在要求。没有世居于此的村民的认同、参与和分享，乡村旅游解决不了项目运营所需要的人力资源和政策支持，从长期来看，可能会导致生活方式失真和本土文化的断裂。现在不少地方发展乡村旅游单纯依靠政府和外来资本的力量，本地人在项目公司的股权结构和经营管理体系被边缘化了。为保证乡村旅游的可持续发展，必须从产权、项目开发和利益分配各个方面调动本地居民特别是精英阶层的积极性。

新时代的乡村旅游应当以开放的心态，不断提升规范、引导、分配、协调等现代社区治理水平，积极引进外部资本、技术、文创、专业技术和经营管理人才。在看到乡土力量积极性一面的同时，我们也要清醒地认识到其局限性。当前，以城镇居民为主要客源的旅游市场在规模不断扩张的同时，旅游方式、消费结构和消费行为也在发生革命性的变化，不断倒逼乡村旅游组织方式的改革和服务品质的提升。主流客源既要享受原生态的田园风光和纯朴自然的生活方式，也对高速移动互联网、干净卫生的客房与厕所、高效快捷的服务保障体系提出更高的要求。游客在周末和节假日举家外出，多以自驾为主，这就需要相对完善的乡村公路网络并与国家和区域主干道相连接，以及导航、停车、维修、救援等服务。为满足停留时间更长的休闲度假旅游的需求，集约化创新的民宿、健康时尚的餐饮和丰富多彩的文化生活都是十分必要的。在城乡差距仍然较大的今天，增量资本和新要素、新动能多数情况下是不可能由本乡土内生的。过于强调本土化和原生态，有意无意地排斥外部力量特别是以资本为代表的外部资源的介入，乡村旅游只能是低水平的规模扩张，而非高水平的质量效益型发展。

新时代的乡村旅游还需要行政主体的主动作为和善于作为。宣传贯彻和落实好中央一号文件精神是全党全国全社会共同的责任，农业、旅游、文化、组织和人力资源保障部门共同推动专业志愿者制度和驻村艺术家制度，千方百计地吸引青年人回归乡村生活创业，在试点的基础上稳定推行"新乡绅"计划，应是新时代乡村旅游发展的题中之义。希望有更多机构、组织和个人，以老百姓喜闻乐见的叙述方式，从不同视角的对话中理性探讨乡村旅游的未来。

从人类的演化历史看，乡村是城市居民短期的旅游地，更是长期佑护我们当代人的精神家园。乡村旅游的根在乡村，基础在农民，只有让农民真正参与到旅游进程中来，只有让农民真正受益，乡村旅游的可持续发展才有根本保障。本书以贫困地农户为切入点，理性探索了农户旅游参与机理、与市场连接的机制和旅游扶贫效果感知等学术话题，可以为乡村振兴背景下旅游扶贫实践提供有益参考。希望本书研究和实践探索能与农业、农村、农民一同前行，实实在在地思考乡村地区的农户发展，力所能及地推动乡村旅游和乡村振兴的发展。

（中国旅游研究院院长、
文化和旅游部数据中心主任、
教授、博士生导师）
2020年12月6日

摘 要

旅游精准扶贫是促进脱贫攻坚与乡村振兴的重要途径。本书在分析旅游精准扶贫研究进展的基础上，以湖南省凤凰县为案例地区，结合旅游管理、乡村地理等学科视角，研究了乡村旅游精准扶贫中的农户参与机理、小农户与市场连接、旅游扶贫效果感知、全域旅游等问题，进而提出了民族地区旅游精准扶贫推动乡村振兴的有效路径。主要研究内容与结论如下：

（1）旅游精准扶贫研究进展。本书从多维视角审视了我国旅游精准扶贫的研究现状、热点和前沿，通过知识图谱分析发现，国内精准扶贫和乡村振兴互为对方知识图谱中的理论热点，旅游精准扶贫已证实为乡村振兴的重要驱动力和有效路径。当前，旅游精准扶贫服务乡村振兴、“三农”问题、城乡融合等乡村发展重要问题的系统性研究仍待深入，旅游精准扶贫的目标导向和实践反思、区域路径与模式创新、文化传承和乡村治理、数据建设和科技赋能等领域，将成为旅游精准扶贫与贫困地区乡村振兴有效衔接和深度融合的重点研究方向。

（2）旅游精准扶贫中的农户参与机理。农户能否实现有效参与受一系列因素影响，根据扎根理论方法和实地农户访谈数据，可概括为“资源和市场—政策和环境—农户参与—精准扶贫”四个维度的农户参与乡村旅游扶贫概念模型。其中，如何提升农户的旅游参与能力和获得感是旅游扶贫攻坚的关键所在。贫困地区宜进一步重视旅游开发所带来的整体扶贫效益，夯实贫困地区旅游发展的政策和环境、资源和市场等综合环境，有效提升农户的参与能力和获得感。

（3）旅游精准扶贫中小农户与旅游市场的连接条件。研究发现，小农户对乡村旅游发展的感知度和参与度取决于生计资本、资源要素、灾害风险、就业带动、竞争环境、合作机制、内部环境等多种因素。农户生计只是影响小农户与市场连接的影响因子之一，需要外部政策、市场因素等方面的共同作为，加大资金、信息、技能、龙头企业、专业人才等方面的支持力度，方可更好地改善小农户与旅游市场的连接程度和效果，助推乡村旅游发展与产业振兴。

（4）旅游扶贫效果的农户感知。当前农户对旅游扶贫影响的感知相对较好，但因村庄贫困人口规模较大、现有项目带动就业能力有限，仍有超过半数的农户或因参与不够、受益不多或分配不均，诸如旅游开发进展偏慢、区域排斥、环境负外部性、生活成本上升、带动范围有限等问题多有反映。立足农户和贫困户的需要和受益，有效处理好外生发展与内生发展、点和面、市场与政府的关系，将进一步提升农户旅游参与的获得感和满意度。

（5）全域旅游带动乡村旅游发展。乡村旅游发展必须依靠县域全域旅游的稳步推进，其中，旅游以及涉旅各部门齐抓共管是民族地区县域全域旅游发展的前提，旅游从业人员和全域居民共同参与是民族地区县域全域旅游发展的关键，开发旅游吸引物和丰富旅游活动是民族地区县域全域旅游发展的重点，实现全过程旅游和全时空旅游是民族地区县域全域旅游发展的目标。需要从全部门参与、全员受益、全产业链提升、全时空服务等方面切实提升民族地区县域全域旅游发展进程。

（6）旅游精准扶贫助力乡村振兴思考。乡村旅游精准扶贫助力乡村振兴是一个庞大的系统工程，本书立足文献述评、调研认知与研究思考，探讨旅游精准扶贫在贫困地区乡村振兴中的主要作用、现实问题和推进途径。2020 年中国消除绝对贫困，但相对贫困还会长期存在，建议进一步精准识别发展乡村旅游所具备的资源、区位、市场等条件和可行性，将乡村振兴战略的思想和原则融入具体的旅游精准扶贫计划与行动之中。通过创新乡村旅游扶贫的商业模式、聚合乡村旅游扶贫的智力资源、夯实乡村旅游扶贫的文化底蕴、坚守乡村旅游扶贫的绿色发展底线、优化乡村旅游扶贫管理和组织机制，从产业振兴、人才振兴、文化振兴、生态振兴和组织振兴五个方面全方位精准有效地助推乡村振兴。

Abstract

Targeted poverty alleviation through tourism is a crucial path to promote poverty alleviation and rural revitalization. In this study, upon analyzing the progress of research on targeted poverty alleviation through tourism, we took Fenghuang County in Hunan Province as a case area to explore several issues from tourism management, rural geography and other disciplines, including the mechanism of farmer engagement in rural targeted poverty alleviation through tourism, the bridging of small farmers with the market, the perception of the effect of poverty alleviation through tourism, and all-for-one tourism. Finally, an effective path to promote rural revitalization in ethnic areas was put forward. The main contents and conclusions are shown below:

(1) Progress of research on targeted poverty alleviation through tourism. In this study, China's research status quo, hot topics and frontiers of targeted poverty alleviation through tourism was examined from multiple perspectives. It was found through knowledge graph analysis that in China, targeted poverty alleviation and rural revitalization are theoretical hotspots in each other's knowledge graph and the former has been proved as an important driver and effective path to the latter. The systematic research on the serving of targeted poverty alleviation through tourism for rural revitalization, agriculture, farmers and rural areas, urban-rural integration and other key issues on rural development remains to be deepened. Goal orientation and practice reflection,

regional path and model innovation, cultural heritage and rural governance, data construction and technology empowerment, etc. of targeted poverty alleviation through tourism will be key research directions for its effective bridging and in-depth integration with rural revitalization in poverty-stricken areas.

(2) Mechanism of farmer engagement in targeted poverty alleviation through tourism. Since effective farmer engagement hinges on a series of factors, per the grounded theory method and field interview data, a conceptual model of farmer engagement in rural poverty alleviation through tourism was built. The model is composed of four dimensions: "resource and market, policy and environment, farmer engagement, and targeted poverty alleviation", where how to raise the ability and the sense of gain from farmer engagement in tourism becomes the key to poverty alleviation through tourism. Therefore, poverty-stricken areas shall value more the overall poverty alleviation effect brought by tourism development and bolster related factors such as policy, environment, resources and market to effectively lift up the ability and the sense of gain from farmer engagement.

(3) Conditions for bridging between small farmers and the tourism market in targeted poverty alleviation through tourism. Results showed that the perception and engagement of small farmers in rural tourism development hinges on livelihood capital, resource elements, disaster risks, employment promotion, competition environment, cooperation mechanism, and internal environment. Farmers' livelihood is only one of the affecting factors and the bridging requires external policy, market conditions, etc. to co-act for stronger support for capital, information, skills, leading enterprises, professionals, among others. Only in this way can the bridging as well as its effect be escalated to boost rural tourism development and industrial revitalization.

(4) Farmers' perception of the effect of poverty alleviation tourism. Even through the farmers' perception of the impact of poverty alleviation through tourism is satisfactory, due to the large poor population and limited ability to

drive employment with existing projects, more than half of farmers are under insufficient engagement, few benefits or uneven distribution. Problems have sprung up, such as slow progress in tourism development, regional exclusion, negative environmental externality, rising living cost, and limited driving range. Properly handling the relationship between exogenous and endogenous development, between point and plane as well as between market and government around the needs and benefits of farmers and poor households will enhance their sense of gain and satisfaction in tourism engagement.

(5) All-for-one tourism drives rural tourism development. The latter must rely on the steady progress of the former, with the joint management of tourism and tourism-related departments as the premise, the engagement of tourism practitioners and residents as the key, the tourism attractions and rich tourism activities as the focus, and the realization of whole-process and space-time tourism as the objective. County-level all-for-one tourism in ethnic areas shall be practically enhanced from the engagement of all departments, the benefits of all residents, the improvement of the whole industrial chain, and all space-time services.

(6) Targeted poverty alleviation through tourism bolsters rural revitalization. Targeted poverty alleviation through tourism in rural areas is a huge systematic project. In this study, based on literature review, investigation cognition and research thinking, we discussed the main roles, practical problems and promotion ways of targeted poverty alleviation through tourism in rural revitalization in poverty-stricken areas. China will eliminate absolute poverty by 2020, but relative poverty will exist for a long time. It is necessary to identify the conditions including resources, location and market and feasibility for rural tourism development, and integrate the ideas and principles of rural revitalization strategy into plans and actions of targeted poverty alleviation through tourism. Rural revitalization is recommended to be stimulated with targeted and effective actions at five dimensions, i. e. industrial revitalization, talent revi-

talization, cultural revitalization, ecological revitalization and organizational revitalization by innovating the business models, pooling intellectual resources, consolidating cultural deposits, insisting on the bottom line of green development, and optimizing the management and organizational mechanisms of rural poverty alleviation through tourism.

目　录

第1章 绪论

1.1 选题背景和意义

1.1.1 选题背景

贫困是人类社会发展的一个世界性难题，消除贫困是联合国2030年可持续发展议程的首要目标。根据世界银行的标准，2019年全球还有6.32亿绝对贫困人口（每天生活费不足1.9美元，全年生活费不应该低于4900元人民币），贫困率为8.2%。由于新冠肺炎疫情，2020年全球的贫困率将不降反升到8.6%，全球贫困人口将增加至6.65亿人，这将是1998年以来全球首次出现贫困率上升的情况。[①] 我国自改革开放以来实现了人类历史上最快速度的大规模减贫，为全球减贫和联合国千年发展目标的实现做出了卓越贡献。以党中央2013年首次提出精准扶贫为起点，以党的十八届五中全会和中央扶贫开发工作会议决策部署为标志，我国扶贫开发进入脱贫攻坚新阶段，截至2019年底，已有9300万贫困人口实现脱贫，占全部贫困人口的97%。[②] 2020年是全面打赢脱贫攻坚战的收官之年，我们将

---

① 《国际劳工组织：2020年全世界贫困人口将增加880万至3500万》，载于《经济日报》2020年3月20日，https://baijiahao.baidu.com/s?id=1661652251808446359&wfr=spider&for=pc。

② 《扶贫办：中国已有9300万贫困人口实现脱贫》，中国新闻网，http://www.Chinanews.com/gn/2020/04-2419166741_shtml，2020年4月24日。

历史性地实现中华民族千百年来期盼的消除绝对贫困这个目标。但消除了绝对贫困，相对贫困问题还会伴随着我国社会主义初级阶段长期存在。今年以来受新冠肺炎疫情和南方洪灾影响，因疫返贫和因灾返贫等风险增大，国务院扶贫开发领导小组办公室（以下简称“国务院扶贫办”）印发了《关于建立防止返贫监测和帮扶机制的指导意见》。

我国贫困地区大多位于农村地区，尤为集中地分布在生态环境脆弱、生存条件艰苦的 14 个国家连片特困区。贫困地区由于生态环境脆弱，不适宜常规的产业发展模式（荣金凤等，2007），但其旅游资源相对富集，为通过旅游发展实现减贫目标提供了现实可能（马忠玉，2001；丁焕峰，2004；Zeng et al.，2012）。大部分的国家连片特困区都在扶贫攻坚规划中设立了建设知名旅游目的地的发展目标，全国已有 22651 个具备发展乡村旅游基本条件的行政村被确定为国家乡村旅游扶贫工作重点村。旅游扶贫作为一种广泛推广的扶贫方式，在改善我国贫困地区经济、社会、文化、环境等方面起到了较大的拉动作用，但受益不均、旅游漏损、产品模仿等问题也严重弱化了旅游扶贫的可持续效应，部分乡村还出现了“旅游扶贫、越扶越贫”等问题（李刚等，2006；Blake et al.，2008；Zeng et al.，2012）。在我国农村地区贫困性质由区域性整体贫困逐步转向局部和个体贫困的现实背景下（罗楚亮，2010），乡村扶贫方式亟须由长期实施的村级瞄准逐步转向符合贫困人口生计特征的精准扶贫（都阳等，2005；汪三贵等，2007；2008）。加强乡村旅游精准扶贫研究，既是对《关于创新机制扎实推进农村扶贫开发工作的意见》《国务院关于促进旅游业改革发展的若干意见》等国家重要文件的直接响应，更能为贫困人口在非均衡经济和不平等结构中通过乡村旅游发展获益和增加发展机会提供坚实的理论支撑。

1.1.2 研究意义

经济活动区域、空间组织及其与地理环境的相互关系是经济地理学的长期关注对象，微观视角的研究因有利于探索地理过程以及揭示地理现象的形成机理而日益受到重视（李小建等，2006；2011）。农户作为农村地区最主要的经济活动主体与最基本的决策单位，具备自主支配生产要素和决策的能力，其采取的生计策略不仅影响着农村社会经济发展，更影响着自然资源利用和生态环境保护（何仁伟等，2013）。农户分析作为一种观察和研究农村扶贫、环境保护及自然资源可持续利用的视角，为解释和解决乡村旅游扶贫问题提供了规范化和系统化的研究视角（Shen et al.，2008；黎洁等，2009）。乡村旅游扶贫本质上是农户响应旅游需求、调整生计策略、增强生计能力、改善生计结果的过程，已有研究证实了旅游等非农产业兼业户确实具有比农业户更高的生计资本和更多的生计策略（王瑾等，2014；Buckley et al.，2014）。

本书在分析旅游精准扶贫研究进展的基础上，以湖南省凤凰县为案例地区，结合旅游管理、乡村地理等学科视角，研究了乡村旅游精准扶贫中的农户参与机理、小农户与市场连接、旅游扶贫效果感知、全域旅游等问题，进而提出了民族地区旅游精准扶贫推动乡村振兴的有效路径。本书在理论层面可响应学科发展方向，揭示农村贫困地区旅游精准扶贫的微观作用机理，加深对区域人地关系演变过程的理解；在实践层面有助于为推动国家连片特困区脱贫致富、服务国家乡村旅游精准扶贫和富民工程提供科学依据。

1.2 相关进展和动态

1.2.1 旅游扶贫的相关研究进展

旅游与反贫困问题的研究最早可以追溯到旅游的经济研究和影响研究中，焦点集中在旅游就业、经济增长、外汇赚取、私人部门投资等宏观经济效益（张伟等，2005；Blake et al.，2008）。20世纪90年代以来，随着旅游成为国际货币基金组织和世界银行减贫战略的一项重要工具、英国国际开发署倡导有利于贫困人口的旅游（Pro-poor Tourism，PPT）（1998）、世界旅游组织提出可持续旅游消除贫困（Sustainable Tourism - Eliminating

Poverty, ST－EP)(2004)的战略行动，各国、各地区不同类型的减贫行动广泛兴起，国际旅游扶贫的相关学术研究和理论成果不断丰富(Goodwin, 1998; Caroline et al., 2001; 王铁等, 2007)。旅游与扶贫的关系仍有争议，多数研究证实了旅游业具有减轻贫困的潜力，贫困地区也具有发展旅游的潜力(Ashley et al., 2001; Blake et al., 2008)，但仍有研究认为旅游是一种新殖民主义，扩大了社会不平等和经济差异，漏损非常严重等(Muhanna et al., 2007; Webster et al., 2014)。基于跨学科视角的旅游与贫困关系研究在一定程度上为旅游减贫实践提供了理论支撑，但旅游业发展在提升宏观经济利益的同时并不一定能使贫困者获益，即便能使贫困者获益，也有扩大贫富差距与损害可持续发展的风险(张伟等, 2005; Deller, 2010; Incera et al., 2015)。在此背景下，如何使贫困人口在旅游发展中获得最大的发展机会和净利润成为研究的焦点和目标(周歆红, 2002; Pillay et al., 2013)，旅游对贫困地区社会、环境等非经济影响和农业等其他关联产业的影响也引起学术界的广泛关注(Jiang et al., 2011)。我国旅游扶贫研究始于20世纪80年代中后期，侧重于总结一些贫困地区旅游开发带动当地脱贫致富的实践经验(秦其文, 2004; 蔡运龙, 2006)，21世纪以来研究内容不断丰富，涉及贫困地区旅游资源、旅游扶贫效应(李会琴等, 2012)、政府在旅游扶贫中的作用、旅游扶贫战略和模式、旅游扶贫问题与对策、旅游扶贫与可持续发展、旅游扶贫融资等多个领域(吴铮争等, 2004; 曾本祥, 2006; Zeng et al., 2012)，并广泛应用了比较分析、访谈和问卷调查、数理统计分析等研究方法(李佳等, 2009)。综合而言，近年来，旅游扶贫的意义、政府的重要作用、社区参与的核心地位、乡村资源的基础地位等方面得到广泛确认，旅游发展存在的旅游漏损、旅游飞地现象及其带来的环境污染、生态破坏、传统文化消失等一系列问题也引起了学术界的广泛关注(丁德光等, 2010; 宋德义等, 2014)，随着贫困人口逐渐成为旅游扶贫研究的焦点和目标(汪侠等, 2011)，开发商、社区居民、政府等多利益相关者动态博弈下的贫困人口旅游参与途径、受益模式等微观机理研究尚需加强(李燕琴, 2011)，村域层面旅游扶贫的经济、社会、环境等综合性影响研究也有待深入(李佳等, 2009; Zeng et al., 2012)。

1.2.2 农户参与旅游的相关研究进展

20世纪70年代以来，社区参与旅游研究经历了从缺失至凸显的过程，越来越多的学者认识到社区参与在实现旅游可持续发展中的重要性（Tosun，2000），社区参与已然成为旅游研究的主流领域之一（保继刚等，2006；Tosun，2006；Okazaki，2008）。农户参与旅游研究是对乡村旅游发展中忽视农户经济、社会、环境利益等实践问题的理论回应（Rahmawati et al.，2014；Tolkach et al.，2015），国内外关于农户与旅游产业的相关研究主要包括农户对旅游影响的感知和态度、农户参与旅游的行为和模式、农户参与旅游的影响及其存在的主要问题等方面（刘丽梅等，2010；孙凤芝等，2013；Prabhakaran et al.，2014）。其中，农户对旅游影响的感知和态度主要关注不同案例地区、不同类型农户对乡村旅游经济、社会和文化影响的感知和态度（或满意度）（王莉等，2005），并从当地经济发展水平、旅游地生命周期、村落社会资本、旅游地开发基础认知、旅游开发影响感知、社区归属感、主客接触程度、居民受教育程度、年龄和参与旅游业的程度等方面探寻原因（杜宗斌等，2011；Bynum et al.，2014），主要的理论依据包括旅游发展阶段理论、主客关系理论、社会交换理论、社会承载力理论，运用了农户旅游发展适应性分析框架、旅游地开发过程中农户参与决策行为结构概念模型等研究方法（赵玉宗等，2005；李文兵，2009；Simpson，2008）。从农户参与旅游的行为和模式看，旅游地居民参与旅游的程度、方式、规模随着旅游发展时间、发展规模、发展方式而动态变化（杨兴柱等，2005；汪德根等，2011；杜宗斌等，2011），地方性知识在旅游语境中的再生产可以为民族地区农户带来新的生计手段（张瑾，2011），但受一些主客观因素影响，部分农户特别是贫困农户仅能浅层次参与或未能参与旅游发展，所获经济收益有限，开办农家乐等小型旅游经营实体有助于农户缓解生计压力，但由于旅游经营权责关系不清等问题，实际效果并不理想（Sebele，2010；郭文等，2011）。从农户参与旅游的影响及存在障碍看，既有研究大多从经济利益和非经济利益两方面加以切入，并发现非经济利益可能比经济利益更加重要（Iorio et al.，2012），且由于贫困人口并非均质群体，农民选择就业机会和获得收入的能力与农民个人素质和地理位置密切相关（喻忠磊等，2013），最穷群体的净利益可能很少，甚至为负数（Matarrita，2010；Haija，2011），影响贫困农户参与旅游的主要因素包括生计资本存量不足、地点偏僻可进入性差、金融资本缺少、资源利用权利受限、满足旅游者需求的能力有限、农户正当利益未获得有效保护等方面（保继刚等，2012；左冰，2013）。总的来看，农户参与在乡村旅游发展研究中的重要性不断凸显，农户对旅游影响的感知和态度、农户参与旅游的行为和模式、农户参与旅游的影响及其存在的主要问题等方面的研究成果都颇为丰富，但有机衔接、系统整合以上三个方面的定量研究仍有待加强，充分考虑特定地域地理因素，动态刻画和解释这一复杂的多元非线性长期过程，仍是重要的研究方向。

1.2.3 研究动态及启示

综上所述，旅游与贫困关系的研究已经得到学术界的广泛关注，贫困地区具有发展旅游潜力、旅游业具有减贫潜力已经成为各界共识，旅游漏损、旅游飞地等现实问题和环境恶化、受益不均等负面效应的出现则表明旅游扶贫绩效尚待提升。农户是乡村旅游的核心参与主体与农村扶贫的主要目标对象，在农村地区贫困性质已由区域性整体贫困逐步转向局部和个体贫困的现实背景下，农户参与式旅游日益成为提升旅游扶贫绩效的可行思路。农户对旅游影响的感知和态度、农户参与旅游的行为和模式、农户参与旅游的影响及其存在的问题等相关领域的研究不断涌现，并在部分研究中验证了旅游作为实现农户可持续生计目标的有效策略及其对生计结果的重要影响，这为理解旅游扶贫绩效差异及其成因机制提供了有益借鉴，但总体而言，有机衔接、系统整合农户旅游感知、农户参与旅游行为、农户参与旅游影响等方面的定量研究仍有待加强，旅游能否成为、如何成为贫困地区的可持续生计方式亟待案例研究予以支撑。

在国际上有利于贫困人口的旅游（PPT）、可持续旅游消除贫困（ST－EP）等重要战略行动都将贫困人口受益和可持续发展列为核心理念，国内

《关于创新机制扎实推进农村扶贫开发工作的意见》《国务院关于促进旅游业改革发展的若干意见》等重要政策文件均要求提升扶贫绩效的现实背景下，本书以位于国家连片特困地区的湖南省凤凰县为例，从微观角度解释农户参与旅游的受益模式和乡村旅游扶贫的内在机理，探索乡村旅游助推扶贫攻坚和乡村振兴的具体路径，探究其如何直接响应国际经验与国家政策，回应目前实践和学术研究中旅游扶贫存在的绩效偏低、受益不均等问题，为贫困地区旅游扶贫决策提供科学依据。

1.3　案例区基本概况和主要特征

1.3.1　案例区选择

湖南是脱贫攻坚的重点省份之一，武陵山片区中贫困县尤为集中。习近平总书记在视察湖南时提出了“精准扶贫”的明确要求。湖南文化和旅游资源富集，张家界、湘西、怀化等很多地区通过大力发展乡村旅游和旅游扶贫走上了脱贫致富之路，湖南乡村旅游扶贫在全国具有一定的代表性。本书的案例区凤凰县隶属湖南省，位于14个国家连片特困地区之一的武陵山区，该片区集革命老区、民族地区和贫困地区于一体，跨省交界面大、少数民族聚集多、贫困人口分布广，国家对该区域发展极其重视，是首个编制区域发展和扶贫攻坚规划并提出建设国际知名生态文化旅游区的地区。凤凰县全县有苗族、土家族、汉族等28个民族，少数民族占总人口的73%，其中苗族人口占57%，农业人口占84.6%，是一个典型的少数民族聚居县和国家级贫困县，是国家西部大开发地区、武陵山片区区域发展与扶贫攻坚先行先试区之一，也是湖南省扶贫攻坚的主战场。凤凰县2017年被列入11个“湖南省旅游扶贫示范县”之一，对全国贫困地区旅游扶贫具有较强的借鉴意义。

湖南省凤凰县是一个以苗族为主的少数民族聚居县，历史悠久，文化底蕴浓厚，自然资源丰富多样。凤凰县拥有凤凰古城、黄丝桥古城、勾良苗寨、苗人谷、南方长城、奇梁洞、南华山国家森林公园等多个著名景点。2001 年起开始大规模发展乡村旅游，2007 年被评为“中国旅游强县”，2013 年被授予“全国生态文明先进县”。近年来，凤凰县乡村旅游人数与收入持续增长，直接或间接促进了凤凰县经济发展，提升了当地居民收入，改善了居民生活水平。根据凤凰统计公报相关数据，2018 年全县乡村游接待国内外游客 587.35 万人次，实现旅游收入 11.96 亿元；农村居民可支配收入达到 1.2 万元，全县贫困发生率由 17% 下降到不足 5%。① 相关研究显示，凤凰县在引导农户参与旅游经营活动、以乡村旅游助推产业扶贫等方面具有较强示范意义。目前乡村旅游与乡村振兴的耦合程度也较为协调，但其旅游产业关联带动效应和成长能力仍有待提升，村民对旅游发展认知不成熟和行为不适应、参与旅游受限和利益被忽视等问题仍存在（王兆峰，2010；张英等，2012），多次发生旅游安全（如村民阻挠游客等）、水质恶化、收取景区门票等众多负面事件。与国家定点帮扶的其他国家级贫困县和扶贫试验区相比，凤凰县乡村旅游扶贫面临更严峻的发展困境，对于其他尚未受到国家直接旅游帮扶的贫困县也具有较强的借鉴意义。

1.3.2 案例区基本概况

从旅游产业规模、产业关联、就业结构等方面挖掘凤凰县 2000 年、2005 年、2010 年、2015 年不同时间节点的旅游发展轨迹，通过对比分析，揭示凤凰县旅游发展与全县经济水平、主要相关产业、农民生活等方面的关联性。本书收集了 1990 ~ 2015 年主要时间截点的统计发现，研究发现，凤凰县旅游业初步形成始于 20 世纪 80 年代提出要大力发展旅游业，凤凰古城先后被评为全国旅游外事开放的甲类县城（1986 年）、湖南省级风景名胜区（1997 年）、省级历史文化名城和国家级生态示范县（1999 年），直到 2001 年被列为国家级历史文化名城，凤凰县的旅游业才较快发展。从

① 凤凰县统计局：《凤凰县 2018 年国民经济和社会发展统计公报》，http：//www.xxz.gov.cn/zfsj/tjgb_47576/201904/t20190401_1149393.html。

统计年鉴来看，1990年《凤凰县国民经济和社会发展统计公报》显示，全年旅游事业共接待18.5万人次、收入10.2万元，只有2000年后才有完整和系统的数据。

本书重点研究了2010年以后凤凰县旅游发展及其综合影响，对凤凰县旅游收入、国内生产总值（GDP）、第三产业、三产占比、人均GDP、乡村居民人均可支配收入等指标进行了相关性、因果关系检验等分析，研究发现：凤凰旅游对经济发展的总体影响以2008年为分水岭分为两个阶段，第一阶段——2008年以前，旅游产业快速发展，旅游人数和年均增长率平均达到45%和71%，但其间与GDP、人均GDP、第三产业的关联带动性、乡村居民收入等的相关性非常弱，并未有效带动产业升级和乡村居民生活改善；第二阶段——2009～2017年，尽管旅游人数和旅游收入增长平稳，但是与全县产业升级、人民生活改善关联紧密，总体看来，2001～2017年期间，旅游人数、旅游收入与县域经济增长、产业结构升级等的关联性较为紧密，但是与乡村居民生活的改善关联性较弱，并且，关联性主要来自旅游人数的增长，旅游收入的相关性相对较弱（见图1－1、表1－1）。

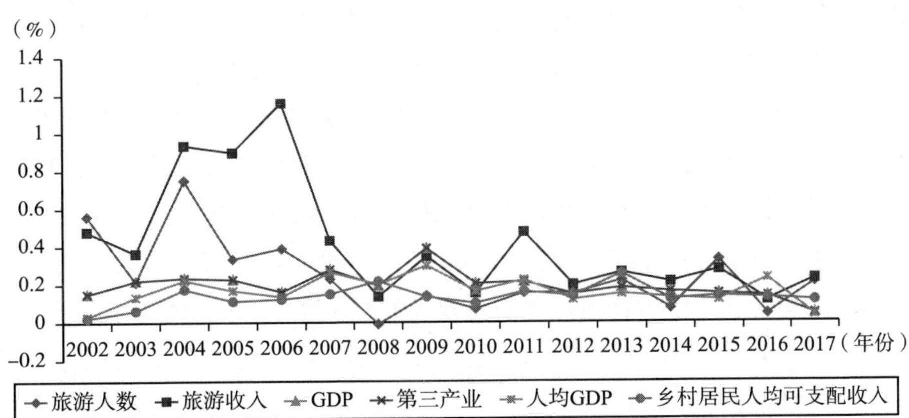

图1－1　凤凰旅游产业与经济发展、乡村居民生活等指标增长率的对比

资料来源：根据2002～2017年《凤凰县国民经济和社会发展统计公报》数据编制。

表 1－1　凤凰旅游产业与经济发展、乡村居民生活等指标增长率的相关性

项目	2001～2008 年		2009～2017 年		2001～2017 年	
	旅游人次	旅游收入	旅游人次	旅游收入	旅游人次	旅游收入
GDP	0.83	0.08	1.00	1.00	1.00	0.65
第三产业	0.08	0.00	1.00	1.00	1.00	0.65
人均 GDP	0.08	0.00	0.99	0.99	0.60	0.10
乡村居民人均可支配收入	0.01	0.00	1.00	1.00	0.35	0.01

资料来源：根据 2002～2017 年《凤凰县国民经济和社会发展统计公报》数据编制。

1.3.3　案例村主要统计特征

本书广泛收集凤凰县旅游扶贫的相关文件和政策，综合考虑各村贫困度、乡村旅游发展程度和区域分布，甄选 14 个不同关系类型的典型村落进行了深度调研，调研的主要内容包括农户对旅游影响的感知、旅游参与行为、旅游参与意愿、制约因素等方面，调研的主要村落分别是菖蒲塘村、拉毫村、老洞村、勾良村、舒家塘村、东就村、早岗村、黄毛坪村、老家寨村、椿木坪村、雄龙村、长坳村、老田冲村、古双云村 14 个村，其中，勾良村、舒家塘村、老家寨村 3 个村是首批国家乡村旅游扶贫重点村；早岗村、老洞村、东就村、黄毛坪村、拉毫村、菖蒲塘村 6 个村是第二批国家乡村旅游扶贫重点村，椿木坪村、雄龙村、长坳村是第三批国家乡村旅游扶贫重点村，本书共对 349 位农户进行了深度访谈。这些农户较均匀地分布在 14 个自然村，年龄结构、户均人口、文化程度、健康状况、职业状况等方面情况分布较为合理，能够充分代表所研究样本的总体情况（见表 1－2）。

表 1－2　受访农户人口特征的统计分布

	类型	比例（%）		类型	比例（%）		类型	比例（%）
文化程度	（1）不识字	18.34	自然村分布	菖蒲塘	12.89	户均人口	1 人	0.86
	（2）小学	36.20		黄毛坪	11.17		2 人	6.88
	（3）初中	32.14		拉毫	9.74		3 人	13.18
	（4）高中	6.83		早岗	9.17		4 人	22.35
	（5）中专	2.71		古双云	7.45		5 人	24.07
	（6）大专及以上	3.79		长坳	7.16		6 人	20.63
健康状况	（1）良好	62.82		老家寨	6.59		7 人	6.02
	（2）一般	21.23		勾良	6.02		8 人	2.01
	（3）较差	12.26		东就	5.73		9 人	1.43
	（4）很差或残疾	3.69		椿木坪	5.16		10 人	2.01
职业状况	（1）务农	44.98		老洞	5.16		11 人	0.57
	（2）农闲时打工、农忙时务农	7.81		舒家塘	4.87	年龄结构	18 岁以下	8.34
	（3）常年外出打工	18.11		老田冲	4.58		18～35 岁	27.13
	（4）稳定的非农工作	3.57		雄龙	4.30		36～50 岁	29.05
	（5）学生	15.35					51～65 岁	28.25
	（6）其他	10.17					65 岁以上	7.22

本书从农户尺度出发，分析了乡村旅游发展对农户生计能力和生计结果的改善程度，主要包括自然资本、人力资本、社会资本、物质资本、金融资本等方面，生计结果主要包含收入提高、福利增加、脆弱性降低、资源可持续等方面。同时，充分考虑了旅游对贫困人口的非经济影响。研究发现，案例区贫困地区农户对旅游发展在增加本村打工机会、增加农产品售卖和农家乐等经营机会、增加村民家庭收入、本村交通条件、本村医疗和教育等生活设施、本村社区环境和社区治安状况、本村生活成本、村民能力和素质、民族文化、邻里关系、乡村民风与传统美德、旅游农产品销售等方面都有显著的正面评价。但是农户对旅游收入在政府、企业和村集体之间分配的合理性，以及不同农户之间获得的旅游收入两方面的正面评价有明显下降，对环境保护、自然环境等方面的潜在影响也颇为关注（见图 1－2）。

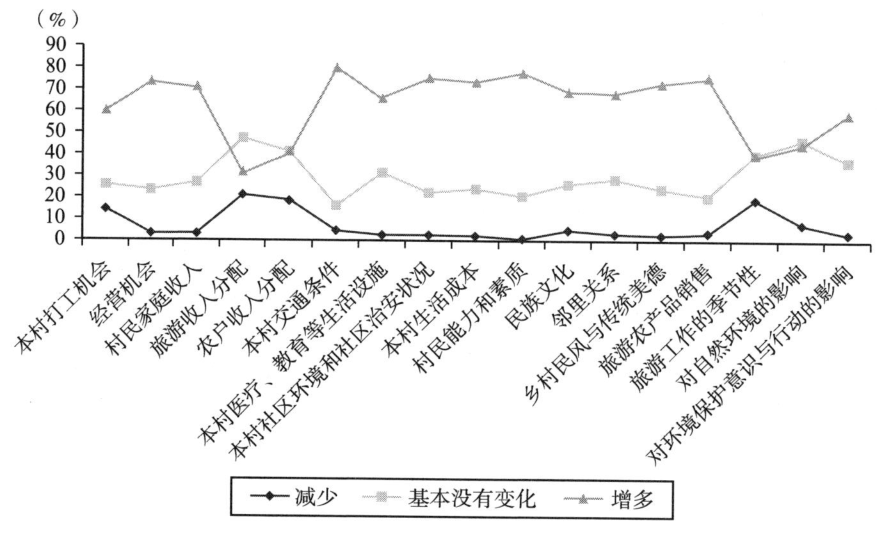

图 1－2　凤凰县旅游发展对乡村发展的村民评价

进一步从村域层面分析不同地理背景下典型村落旅游扶贫的绩效差异，发现菖蒲塘、古双云村、老洞、勾良、舒家塘、早岗、黄毛坪、长坳、老家寨 9 个村落的村民认为旅游发展对生产、生活、环境和农户家庭的影响相对较好，雄龙、拉毫、东就、老田冲、椿木坪 5 个村落的村民认为旅游发展对生产、生活、环境和农户家庭的影响相对较弱。旅游扶贫绩效与资源丰度、交通通达度、产业结构等具有紧密相关性，从被调研的14个村落的具体情况来看，现阶段贫困地区乡村旅游对乡村发展的根本前提条件在于资源丰度和交通通达度。受访村落中，早岗村是乡村旅游发展最为成熟的村落，该村80%的人参与了旅游业；黄毛坪村比邻山江苗族博物馆；勾良、老家寨等是凤凰县目前少数民族原始生态及苗族历史特色民居保护较好的古村寨之一；菖蒲塘距离凤凰县较近，猕猴桃、柚子等产业较为成熟。综合研究发现，乡村旅游发展较好的村落旅游扶贫绩效的主要影响因素是参与不足、分配不均和负面影响被忽视，乡村旅游基础较差的村落旅游扶贫绩效的主要影响因素是资源有限、交通不畅、资本投入不足、组织力量不够，与此同时，不管乡村旅游发展程度如何，最严重的贫困人口包括因病、因残等致贫情况仍需要政府和社会的统一救助帮扶，乡村旅游产业扶贫主要在于解决劳动致富等问题（见图1－3）。

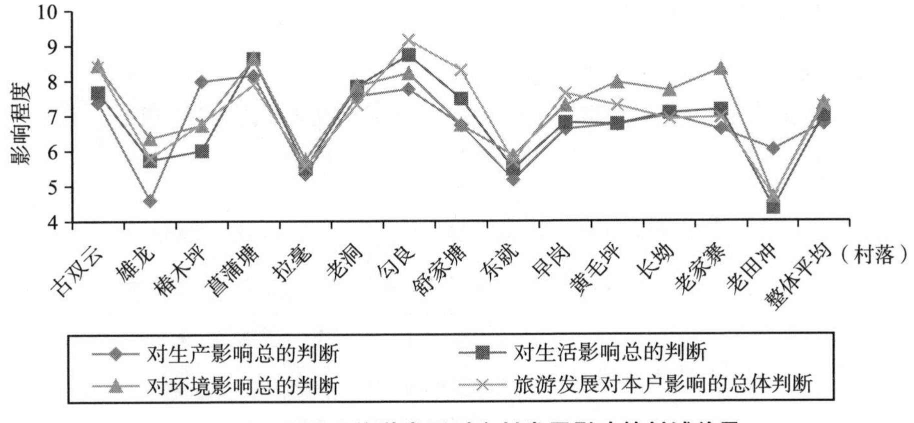

图1－3 凤凰县旅游发展对乡村发展影响的村域差异

调查并研究分析案例区农户从事旅游生产所面临的主要问题和潜在风险，洞悉旅游作为不同类型农户可持续生计策略的制约因素，进一步研究农户是否具有参与旅游的现实生计行为和未来生计策略。研究发现，案例区贫困地区希望通过乡村旅游发展脱贫致富的愿望非常强烈，与外出打工相比，案例区农户非常乐意参与旅游经营、种养殖等传统农业，旅游农产品和纪念品加工，旅游服务业，旅游交通运输等行业，但都面临不同程度的各种困难。贫困村农户认为缺少资金、缺少企业带动、缺少财政支持、缺少技能、缺少能人带动、缺乏信息、工作不稳定、土特产品加工不足、工作机会少、缺少旅游资源和产品等原因是制约当地旅游发展和个人参与的最主要因素，自然灾害、来旅游的人少、缺少劳力、参与村集体决策不足、病虫害、土特产品卖不出去、旅游收入分配不合理、临近村镇竞争太激烈、交通不便利、村内恶性竞争等因素的影响相对较小（见图1－4、图1－5）。

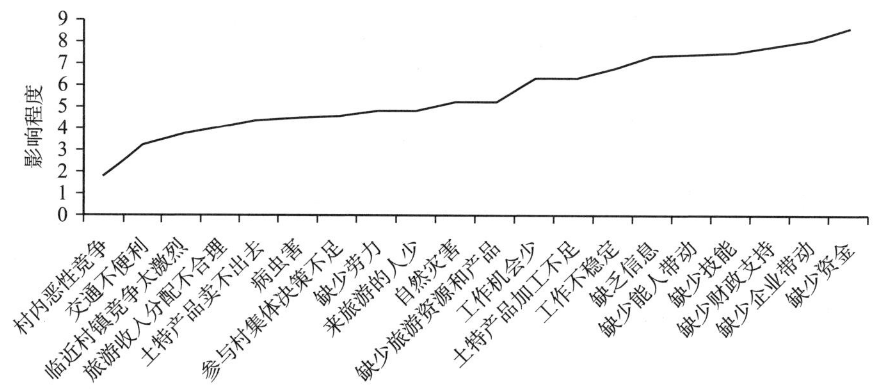

图1－4　制约案例区贫困地区农户参与旅游生产经营的主要因素

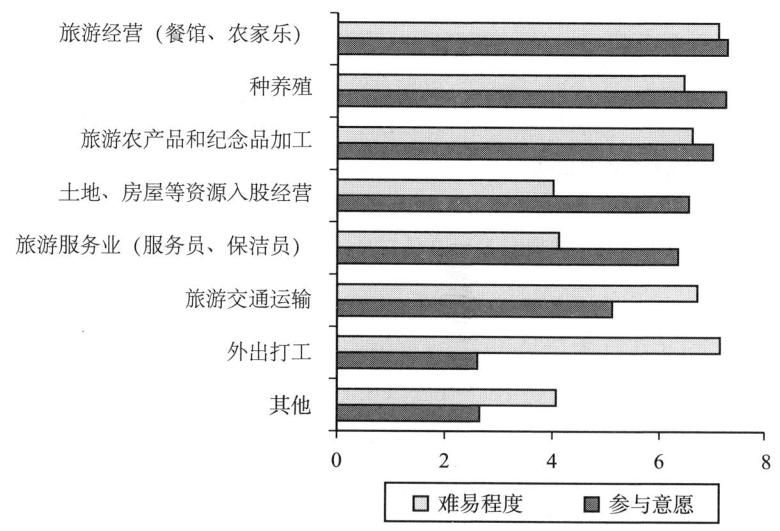

图1－5　贫困地区农户参与旅游生产经营的意愿和难易程度

1.4　主要研究内容

本书主要探索乡村振兴新形势下旅游精准扶贫助推贫困地区乡村发展的困境和出路，建立了案例区乡村旅游发展和精准扶贫的基础数据库，全面分析了案例区乡村旅游发展与农户生计转型的演变，综合评估了案例区乡村旅游的农户生计影响与扶贫综合绩效评估，深入挖掘了案例区乡村旅游扶贫中农户参与的影响因素与内在机理，系统剖析了全域旅游战略下案例区旅游发展模型，探索和设计了案例区旅游精准扶贫模式和路径。主要开展了文献研究、实地案例调研、建立数据库、机制模型研究、政策战略研究等工作，具体内容如下：

（1）第2章：乡村振兴战略下中国旅游精准扶贫的研究进展和前瞻。本章研究借助CiteSpace软件，选取CNKI中612篇与“旅游精准扶贫”相关的文献作为研究样本，对文章数量、研究团队和机构、研究主题和发展动态等进行知识图谱量化分析，从多维视角审视我国旅游精准扶贫研究的现状、热点和前沿。

（2）第3章：乡村旅游扶贫中农户参与的影响因素与内在机理。本章基于湖南省凤凰县14个自然村349份农户访谈数据，利用扎根理论方法的开放性编码、选择性编码和理论性编码三重过程，构建“资源和市场—政策和环境—农户参与—精准扶贫”4个维度的农户参与乡村旅游扶贫概念模型，据此识别农户参与乡村旅游扶贫的影响因素与内在机理。

（3）第4章：乡村旅游地小农户与市场连接的生计条件和制约因素。本章以湖南省凤凰县旅游统计资料和14个自然村166份小农户调研数据为基础，对小农户与旅游市场连接的生计条件和制约因素进行研究。立足农户和贫困户的需要和受益，有效处理好外生发展与内生发展、点和面、市场与政府的关系，进一步提升农户旅游参与的获得感和满意度。

（4）第5章：乡村旅游扶贫效果的农户感知及其影响因素。乡村旅游扶贫以农民增收致富为核心目标，农民的参与度尤其是获得感是检验旅游扶贫绩效的重要依据。在乡村旅游扶贫效应研究正逐步由宏观转向微观，从区域大尺度转向村镇、农户、贫困人口等小尺度的背景下，本章选取湖南省凤凰县作为典型案例，深入研究农户的乡村旅游扶贫感知及其影响因素，深入了解农户对旅游扶贫的认知特征、满意程度及其政策含义。

（5）第 6 章：基于网络评论的民族地区县域全域旅游发展研究。基于在线旅游平台上关于湖南省凤凰县的 30668 条游客评论数据，利用内容分析和扎根理论相结合的分析方法，从游客视角和市场需求角度出发，构建县域全域旅游发展模型。从全部门参与、全员受益、全产业链提升、全时空服务等方面为民族地区县域全域旅游发展提出政策建议。

（6）第 7 章：旅游精准扶贫助推贫困地区乡村振兴的思考。本章立足文献述评、调研认知与研究思考，探讨旅游精准扶贫在贫困地区乡村振兴中的主要作用、现实问题和推进途径。从产业振兴、人才振兴、文化振兴、生态振兴和组织振兴五个方面探索旅游精准扶贫助力乡村振兴。

第2章

乡村振兴战略下中国旅游精准扶贫的研究进展和前瞻[①]

旅游精准扶贫是促进脱贫攻坚与乡村振兴的重要途径，从多维视角审视我国旅游精准扶贫研究的现状、热点和前沿，可为新时代旅游精准扶贫与贫困地区乡村振兴的有机衔接提供科学参考。本章借助 CiteSpace 软件，选取中国知网中国期刊全文数据库（CNKI）中 612 篇与“旅游精准扶贫”相关的文献作为研究样本，对文章数量、研究团队和机构、研究主题和发展动态等进行知识图谱量化分析，总结国内旅游精准扶贫的研究进展与研究展望。研究表明，与旅游精准扶贫相关的文章数量自 2014 年开始快速增加，逐渐成为贫困地区尤其是民族贫困地区乡村旅游发展的研究热点。研究主题侧重模式路径、策略机制等对策研究，突出贫困人口、社区参与、满意度和幸福感等人文关怀。精准扶贫和乡村振兴互为对方知识图谱中的理论热点，旅游精准扶贫已证实为乡村振兴的重要驱动力和有效路径。旅游精准扶贫在学术合作网络、标志性学术团队和成果等方面仍待加强，服务乡村振兴、“三农问题”、城乡融合等乡村发展重要问题的系统性研究仍待深入。旅游精准扶贫的目标导向和实践反思、区域路径与模式创新、文化传承和乡村治理、数据建设和科技赋能等领域，将成为旅游精准扶贫与贫困地区乡村振兴有效衔接和深度融合的重点研究方向。

① 本部分内容曾公开发表，详见何琼峰，张月，宁志中．乡村振兴战略下中国旅游精准扶贫的研究进展和前瞻——基于 CiteSpace 知识图谱分析［J］．中国旅游评论，2020（2），有修改。

2.1 引言

中国扶贫开发为全球减贫事业做出了巨大贡献。国家统计局相关数据显示，从1978年到2017年，我国农村贫困人口减少7.4亿人，年均减贫人口规模接近1900万人，农村贫困发生率下降94.4个百分点，年均下降2.4个百分点。① 按现行国家农村贫困标准计算，2019年末，全国农村贫困人口551万人，比上年末减少1109万人，下降66.8%；贫困发生率0.6%，比上年下降1.1个百分点。②

随着中国扶贫开发的深入推进，农村贫困问题的复杂性、艰巨性不断显现，全面脱贫仍面临较大的压力和挑战。在经济增长减贫效应下降、深度贫困地区脱贫攻坚任务艰巨的背景下，立足贫困地区资源禀赋、贫困特征与发展需求，因地制宜实施精准帮扶，既是落实“十三五”规划和实现2020年全面建成小康社会目标的关键任务，也是促进脱贫攻坚与乡村振兴有机衔接，实现贫困地区乡村振兴发展的重要前提（汪三贵、郭子豪，2015；刘彦随等，2016；2018）。

中国贫困人口较为集中地分布在“老少边穷”地区，旅游资源相对丰富。相应地，旅游精准扶贫日益成为促进落后地区脱贫发展与乡村振兴的重要途径。国务院扶贫办和原国家旅游局在2015年即启动了贫困村旅游扶贫试点工作，四川、山西、甘肃等省市也推进了旅游扶贫示范村等相关工作。在学术层面，相关学者围绕旅游资源与贫困相关性、旅游扶贫类型、扶贫感知、扶贫机理、扶贫绩效等相关领域开展了深入研究（安强等，2016；银马华等，2018；刘杨星、黄毅，2018；鄢慧丽等，2018；韩磊等，2019），个别学者分析了旅游扶贫的文献进展（曾本祥，2006；宋德义、李立华，2014；郝冰冰等，2017），但综合乡村振兴与旅游精准扶贫双重

---

① 《改革开放以来　我国农村贫困人口减少7.4亿人》，载于《光明日报》2018年9月4日，http：//www. xinhuanet. com/politics/2018 －09/04/c_1123374403. htm。

② 《2019年全国农村贫困人口减少1109万人》，载于《光明日报》2020年1月24日，http：//www. xinhuanet. com//2020 －01/24/c_1125498602. htm。

视野的研究分析鲜见报道。本书将采用文献计量学及其可视化方法，以2014年至2019年底CNKI中的相关文献作为研究样本，从多维视角审视我国旅游精准扶贫研究的现状、热点和前沿，结合乡村振兴战略研究提出今后深入研究的方向，既可为新时代旅游精准扶贫与贫困地区乡村振兴的有机衔接提供科学参考，也可支撑深化乡村旅游、精准扶贫等相关研究进展，具有重要的理论与实践意义。

2.2 研究方法与数据来源

2.2.1 研究方法

现代科学计量学和信息计量学可以对海量文献进行历时性的多元、动态分析，以知识图谱为基础的可视化分析能够直观反映特定领域的研究现状、知识基础和研究前沿。CiteSpace软件是由美国德雷塞尔大学（Drexel University）陈超美团队研发的一种文献数据挖掘软件和绘制知识图谱的主要工具，软件融合了社会网络分析、聚类分析等多种定量方法，利用聚类视图和时区视图可以形象地绘制出研究领域的现状、热点和前沿，定量、可视地将某领域一定时期的研究现状和主题演化展现在图谱上，可实现文献共被引和耦合、科研合作网络及主题和领域贡献等分析（王云等，2018；安传艳等，2018；陈升等，2018；徐少癸等，2019）。本书基于文献计量学方法，借助CiteSpace软件来定量分析相关领域的研究进展，查询对象包括“旅游精准扶贫”，也包括“乡村振兴”，最终将旅游精准扶贫与乡村振兴的知识图谱进行有机对接，厘清乡村振兴战略下旅游精准扶贫未来研究的目标导向和主要着力点。

2.2.2 数据来源

2013年11月3日，习近平总书记在湖南花垣县十八洞村考察时首次提出“精准扶贫”理念，之后，实施精准扶贫、精准脱贫被正式纳入国家战略。考虑本书出版存在时滞性，遂选取2014年作为研究时点起点。在CNKI上于2019年12月31日以“精准扶贫+旅游”为条件进行高级检索，共有中文期刊690篇，经过筛选、去重后剩余文献612篇。以这612篇文献为样本，深入阅读其中前100篇高被引、高下载和最新文献，在此基础上对旅游精准扶贫研究的主要研究方向与研究趋势进行总结和梳理。从各年度发表论文数量来看，2014~2019年分别为1篇、5篇、45篇、151篇、190篇、220篇，旅游精准扶贫研究受到越来越多学者的关注。从发表期刊种类看，国内目前该领域的成果涉及旅游、经济、体育、农业、管理等众多学科门类的学术期刊，其中，《农村经济》《农业经济》《江苏农业科学》《社会科学家》《生态经济》《旅游纵览》等期刊的发文量相对较多，地理资源类相关期刊的发文量减少。在分析“精准扶贫+旅游”的基础上，进一步依据CiteSpace软件和CNKI，搜索“乡村振兴”的研究分析，共计论文1581篇，其中2016~2019年分别为1篇、16篇、574篇、990篇。

2.3 旅游精准扶贫的研究进展

2.3.1 研究作者及机构

从核心作者分布来看，部分代表性学者在旅游精准扶贫研究领域取得的成果具有较广泛的学术影响力。从区域分布来看，发文量最多的作者是来自海南大学的刘蓓（8篇），其次是来自中共贵州省六盘水市委党校的杨娜（4篇），湘南学院的王丽梅、贵州省社会科学院的邓小海以及桂林理工大学的侯玉霞等作者的发文量均为3篇。其中，邓小海、曾亮、刘蓓、杨娜等较早开展旅游精准扶贫研究。从时间分布来看，2015~2016年旅游精准扶贫领域的研究学者数量相对较少，2017年以来，越来越多的学者开始关注这一领域的研究。[①] 总体来看，研究作者的网络密度以及连线数量分

① 笔者根据相关资料统计整理。

别为 0.0095 及 44，均相对较小，说明旅游精准扶贫领域的研究人员学术联系较少，文献互引率较低，互相之间的学术认可度较低，尚未形成广泛的学术共识（见图 2－1）。

从核心机构分布来看，最早开始研究旅游精准扶贫的机构是贵州省社科院、云南大学以及广西部分高校科研院所，这些机构集中分布于我国西南地区，是我国农村贫困人口较为集中的地区之一，也是较早开展扶贫工作的地区。随着时间的推进，越来越多的机构开始进行该领域的探索，但从合作强度上来看并未形成较为广泛、紧密的学术合作网络。从发文数量上看，海南大学的发文量最多，为 13 篇；其次为四川农业大学，发文量为 7 篇；成都信息工程大学的发文量为 6 篇（见图 2－2）。

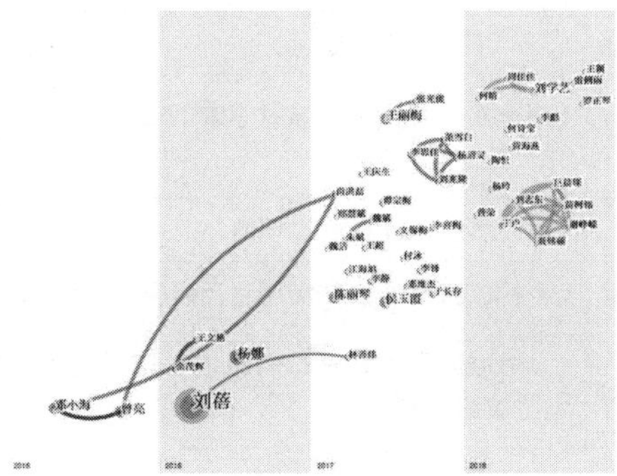

图 2－1　研究作者时区视图

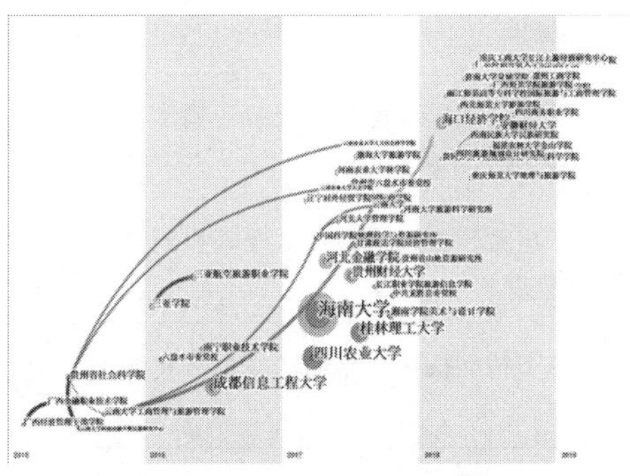

图 2－2　研究机构时区视图

注：参数设置：Node Types = Author 或 Institution，TopN = 50，g－index = 30，Article Lableling Threshold = 2。

2.3.2 高被引文献统计

本章研究统计了国内旅游精准扶贫研究中排名前10的高被引文献。通过对高被引文献的梳理，一定程度上能梳理和把握该研究领域的理论基础和共识。可以看出，旅游精准扶贫的研究主题主要涉及概念等理论基础研究、模式路径研究、问题与对策研究等方面，相对较为集中。此外，还值得注意的是，对旅游精准扶贫的研究多是在乡村旅游、文化旅游、全域旅游等背景下进行的，与旅游发展的大环境相契合（见表2－1）。

表2－1　旅游精准扶贫研究排名前十的高被引论文

排序	被引次数	第一作者	标题	年份	期刊名
1	254	邓小海	《精准扶贫背景下旅游扶贫精准识别研究》	2015	生态经济
2	130	陈秋华	《乡村旅游精准扶贫实现路径研究》	2016	福建论坛
3	63	吴靖南	《乡村旅游精准扶贫实现路径研究》	2017	农村经济
4	59	张春美	《乡村旅游精准扶贫运行机制、现实困境与破解路径》	2016	农林经济管理学报
5	57	桂拉旦	《文旅融合型乡村旅游精准扶贫模式研究》	2016	西北人口
6	38	邓小海	《旅游精准扶贫的概念、构成及运行机理探析》	2017	江苏农业科学
7	38	薛兵旺	《关于全域旅游视角下旅游业精准扶贫的深层次考量》	2016	武汉商学院学报
8	36	耿宝江	《四川藏区旅游精准扶贫驱动机制与微观机理》	2016	贵州民族研究
9	34	马斌斌	《基于精准扶贫视角的海棠山乡村旅游研究》	2016	辽宁农业科学
10	29	杨建	《旅游精准扶贫的作用机理和推进策略》	2016	云南社会科学

资料来源：笔者根据相关资料整理。

2.3.3 研究主题识别

关键词是从文献的题目、正文或者摘要中提取出来的，能够代表文献研究方向及内容的词语。其出现频率的高低代表着该研究领域的热点。除了关键词的出现频率这一指标外，关键词中心度反映了该关键词在整个共现网络中的重要性，也能够反映出该领域在一定时期内的研究主题。通过合并部分语义相近的关键词，分析样本文献的关键词频次及中心度统计表，发现“旅游精准扶贫”的出现频次最高，为 385 次；其次为“乡村旅游”，出现的频率为 135 次。此外，“旅游”“民族地区”“策略”“全域旅游”等关键词出现的频率也相对较高。从中心度上来看，高频次与高中心度的关键词基本吻合，但是“乡村旅游”的中心性略高于“旅游精准扶贫”，表明从乡村旅游的视角入手，是当前旅游精准扶贫的主要切入点（见表 2－2）。

表 2－2　研究关键词和中心性统计情况

排序	频次	中心性	关键词	排序	频次	中心性	关键词
1	385	0.48	旅游精准扶贫	11	10	0.08	问题
2	135	0.63	乡村旅游	12	8	0.02	扶贫
3	41	0.37	旅游	13	8	0.1	生态旅游
4	17	0.16	民族地区	14	7	0.03	困境
5	17	0.17	策略	15	7	0.03	乡村
6	16	0.1	全域旅游	16	6	0	社区参与
7	12	0.07	SWOT	17	6	0.02	精准
8	11	0.08	旅游业	18	4	0	乡村旅游开发
9	11	0.13	发展路径	19	4	0.08	模式
10	10	0.1	贫困人口	20	4	0	扶贫开发

进一步运用 CiteSpace 软件对关键词进行聚类分析得到关键词共现图（见图 2－3），其中节点类型显示为关键词的中心度，节点的大小显示关键词出现的频率，节点间的连线表示关键词之间的共现程度，节点间的连线越多，表明这两个关键词之间的关系越紧密。从关键词共现图参数结果来

看，关键词共现图的 Q 值为 0.7146，在 0.3 以上且接近 1，说明关键词共线网络具有较高的可信度；S 值为 0.7438，大于 0.5，说明各个关键词之间的关联性较强，聚类分析的效果较好，同时也在一定程度上反映出目前该领域的研究主题相对较为集中。关键词共现图分析情况表明，目前旅游精准扶贫的研究主题主要涉及以下四个方面：一是对开展乡村旅游精准扶贫的资源分析、现实困境、路径选择与模式研究等基础理论研究，该部分研究对旅游精准扶贫相关理论的建构具有重要意义，是本领域研究的核心。二是重点关注少数民族地区旅游精准扶贫的实践进展和经验总结，主要涉及青海、甘肃、云南、广西、贵州等西部省区。三是从旅游产业角度出发，研究生态、体育、红色旅游等旅游产业与旅游精准扶贫的协调发展，从关键词共现图来看，目前有部分学者将发展体育旅游、红色旅游、生态旅游等特色旅游产业作为旅游精准扶贫的模式和路径来进行研究。四是全域旅游战略下旅游精准扶贫研究，重点探索全域旅游发展背景下旅游精准扶贫的路径和对策，研究对象集中在秦巴山区、湖南、漳州、郑州等不同地理空间尺度。

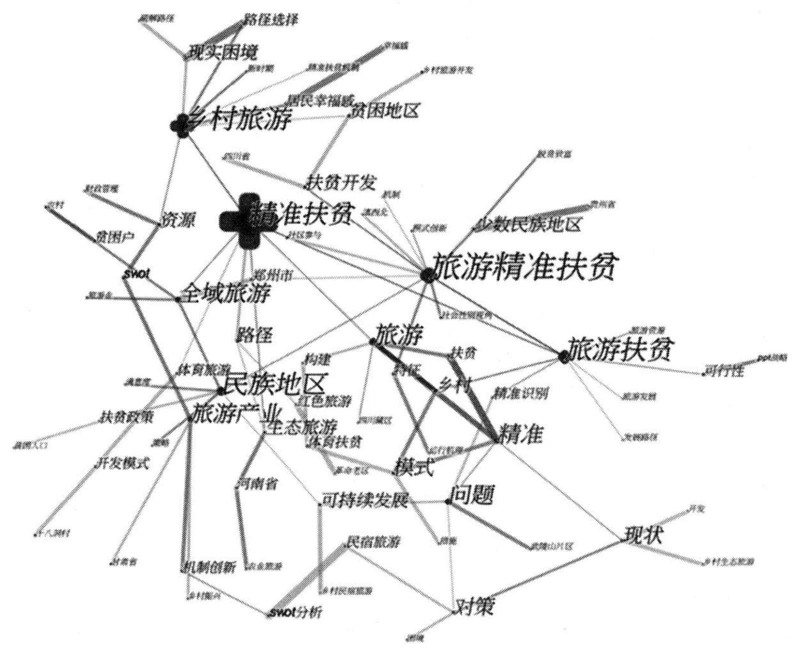

图 2-3　旅游精准扶贫关键词共现图

注：参数设置：Node Types = Keywords，TopN = 50，g - index = 5。

2.3.4 研究前沿辨析

根据关键词时间线图（见图 2－4），进一步分析旅游精准扶贫领域研究的发展动态和主要特征。一是以旅游精准扶贫为关键词的研究出现得最早，随后，“乡村旅游开发”“乡村扶贫”“贫困人口”“问题”等关键词陆续出现，且持续时间较长，由此表明，越来越多的研究成果积极反思旅游精准扶贫的目标导向和实践进展，更加理性地探索旅游精准扶贫对于乡村发展、乡村旅游产业发展、乡村人口脱贫致富的综合贡献。二是“社区参与”“满意度”“居民幸福感”等能够体现人文关怀的关键词在 2016～2017 年相继出现，说明国内对旅游扶贫开发的研究不仅关注经济收入和效益的提高，更多地考虑将居民的幸福感等指标纳入扶贫的评价体系之中，更好地体现“以人为本”的发展理念。三是“模式”“精准扶贫机制”“破解路径”“发展路径”等关键词在 2018 年左右集中出现，说明该领域的研究开始对旅游精准扶贫的发展模式及路径等实践成果进行总结，旅游精准扶贫的理论内核仍在积极探索之中。四是“全域旅游”“生态旅游”

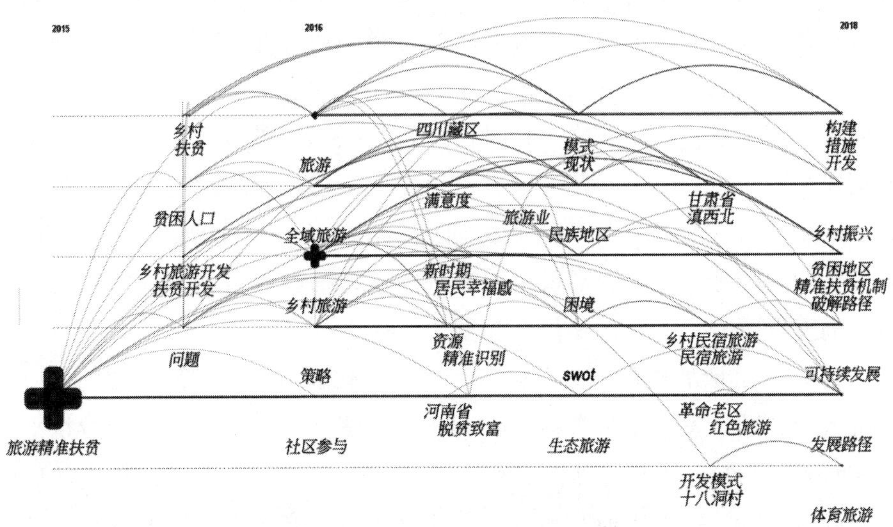

图 2－4 旅游精准扶贫关键词时间线图

注：参数设置：Node Types = Keywords，TopN = 50，g－index = 5。

“红色旅游”“民宿旅游”以及“体育旅游”等体现旅游业发展新业态和新热点的关键词也在不同时期相继出现，旅游精准扶贫的开发模式与路径随着旅游新业态的不断出现而日益丰富，层出不穷的旅游新业态为旅游精准扶贫的研究注入更多活力。

2.4 乡村振兴战略下旅游精准扶贫研究前瞻

2.4.1 旅游精准扶贫助力乡村振兴的主要目标

当前，旅游精准扶贫研究领域聚焦于概念内涵及理论基础、模式与机制、实现路径与策略对策等方面，对新时代乡村经济、社会、生态及文化等方面的综合发展已经有不同程度、不同角度的涉及和推动，在缩小城乡差距、优化乡村产业结构、解决农村就业、带动相关产业发展和促进城乡文化交流等方面发挥了重要作用，对将旅游精准扶贫等同于乡村旅游开发等实践与预期存在偏离的现象也在不断反思和纠偏，对旅游精准扶贫经济效益、社会效益和环境效益等方面的综合影响研究在不断加强。党的十九大报告提出按照产业兴旺、生态宜居、乡风文明、治理有效、生活富裕的总要求，实施乡村振兴战略。新时代乡村振兴，以破解特定时期乡村发展的主要社会矛盾和突出问题为重点，是现代乡村发展理论与实践的重大创新。未来乡村旅游精准扶贫的相关研究，需要立足产业兴旺、生态宜居、乡风文明、治理有效、生活富裕的深刻内涵，推动旅游精准扶贫成为乡村振兴的重要驱动力和有效路径（见图2－5）。

（1）旅游精准扶贫助力乡村产业兴旺。旅游精准扶贫最直接的效应是经济效应，通过发展旅游带动贫困地区的经济增长、量化研究旅游精准扶贫乘数效应与拉动作用等研究备受关注。与此同时，并非任何种类的旅游都是利贫性的。警惕产业联动效应和综合效益不高、因旅游业季节性和脆弱性而出现“脱贫返贫”等经济风险，进一步以旅游产业为引领，整合和衔接相关要素和资源，构建生态、旅游、民族文化和特色农业产业融合发展成为理论研究考虑的重要方向（郭舒，2015；舒小林，2016）。

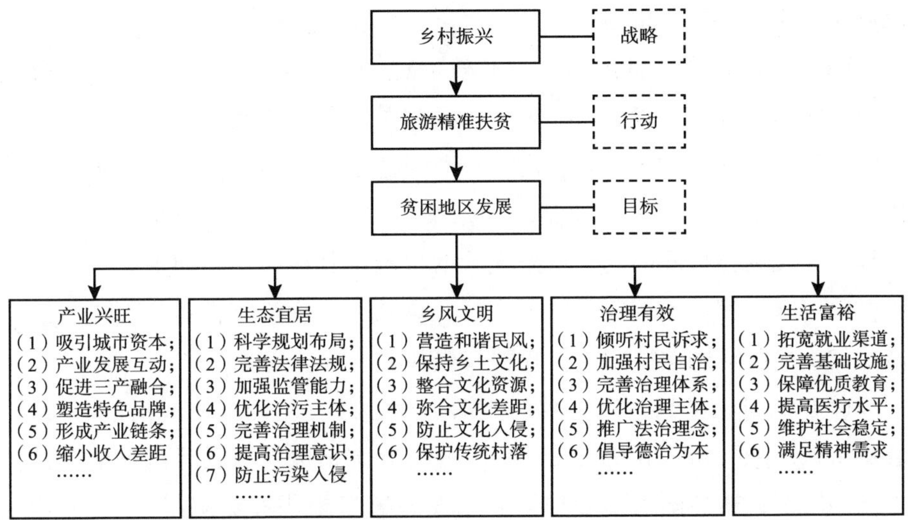

图2－5　旅游精准扶贫助力乡村振兴的主要目标

资料来源：张英男，龙花楼，马历等．城乡关系研究进展及其对乡村振兴的启示［J］．地理研究，2019，38（3）：578－594.

（2）旅游精准扶贫助力乡村生态宜居。我国贫困地区多是生态环境脆弱区、旅游资源丰富区与集中连片特困区交互耦合的特殊区域，存在着大量尚未开发或整合的生态旅游资源，但环境承载力十分脆弱（李喜梅，2017）。相关研究以我国流域等生态敏感区为研究主体，提出依托流域等生态资源禀赋大力开展旅游精准扶贫，既能突破保护与开发的两难悖论，又能摆脱生态脆弱性强、贫困抗逆性弱的致命软肋（李亮、高利红，2017；文传浩、许芯萍，2018）。需要进一步研究旅游精准扶贫的生态补偿法律机制，通过合理规划、加强监管、优化治理等举措，打破生态敏感区旅游精准扶贫中的“贫困—人口—环境”等发展困境。

（3）旅游精准扶贫助力乡村乡风文明。在基础设施改善、教育水平提升、交通设施改善、自尊心增强、医疗设施改善等条件的变化下，旅游精准扶贫通过提高当地文化水平、增强外界交流、弥合文化差距，必然推动乡村从封闭发展走向开放发展。相关研究密切关注旅游精准扶贫冲击淳朴民风、破坏乡村风貌的负面影响，更加强调文旅融合型乡村旅游精准扶贫战略（李燕琴，2015；桂拉旦、唐唯，2016），需要深入研究如何保持乡土文化、整合文化资源、营造和谐民风、保护传统村落，进一步凸显传统民风民俗文化的社会价值。

（4）旅游精准扶贫助力乡村有效治理。旅游精准扶贫涉及各级政府、企业、农户、社区、投资者等多个利益相关者，已有研究中密切关注平衡乡镇政府、景区、村集体和农户等各个利益主体之间的矛盾，避免“精英俘获”等现象（李小民、郭英之和张秦，2017）。需要重视旅游精准扶贫过程中居民利益分配问题，依据旅游增权理论及相关定量研究，进一步倾听村民诉求、完善治理体系、加强村民自治、优化治理主体，促进旅游精准扶贫由摆脱贫困向保障居民权益与权利的方向转变。

（5）旅游精准扶贫助力乡村生活富裕。已有研究主要包括信心帮扶、意愿帮扶、能力帮扶和机会帮扶等，通过旅游精准扶贫的经济功能向社会功能的转变，避免陷入落后地区赶超发展的“梅佐乔诺陷阱”（邢慧斌、席建超，2017；苏小燕，2017；陶恒，2018）。在旅游精准帮扶助力乡村振兴中，不仅要采用政策扶持、资金扶持、教育扶持以及物资扶持等传统方法，依托外部力量帮助贫困人口脱贫，更要重视改变贫困人口“等、靠、要”等落后思想，培养人力资本与体制保障等可持续发展能力，通过扶贫、扶智协助贫困人口改善自身脱贫条件，提升就业渠道、基础设施、社会稳定等方面的内生动力。

2.4.2 乡村振兴战略下旅游精准扶贫研究的主要方向

综合旅游精准扶贫和乡村振兴关键词共现图、关键词时间线图（见图2－3～图2－4、图2－6～图2－7），结合乡村振兴研究相关代表性成果（陈秧分等，2018；2019），可以发现旅游精准扶贫和乡村振兴知识图谱互为支撑，分别都是对方研究领域的研究热点和重点研究方向。基于乡村振兴领域的研究进展和前瞻，旅游精准扶贫需要重点加强以下研究：

（1）基于新时代国情国力和母学科背景进行理论建构。旅游精准扶贫是乡村旅游、扶贫脱贫（精准扶贫）等学科方向的重要分支，需要进一步吸收乡村发展和旅游产业发展的研究成果，致力于解决乡村发展的重要矛盾，纳入学科领域建设的重点内容。根据乡村振兴研究领域的关键词时区图和关键词时间线图，乡村旅游精准扶贫研究宜与旅游精准扶贫与乡村发展、城乡融合发展、“三农”问题等重大理论问题紧密结合，从乡村旅游、扶贫脱贫（精准扶贫）等学科的发展趋势着手，密切关注乡村治理、城乡融合（城乡关系）、乡村旅游、精准扶贫、“三农”问题、产业兴旺、产业融合、新型农民（新乡贤）和农业经营主体、乡村文化（文化自信）、生态文明等乡村振兴领域的理论热点和重点难点，综合探讨乡村地域内的经济、社会、政治、文化和生态各方面的整体发展，使旅游精准扶贫研究成为国家战略和学科建设的重要组成。

（2）从丰富的地方和产业实践中探索更具人文关怀的区域路径与创新模式。当前，乡村振兴、旅游扶贫等领域的研究中，对乡村社区的研究已经从利益分配发展到对归属感的关注，包括从具体的旅游产品开发、发展模式、发展对策到深层次的社区参与、利益分配，再到土地流转制度、政治制度、权力问题，充分体现了对乡村居民从物质到精神层面的文化关怀。在乡村振兴产业兴旺、生态宜居、乡风文明、治理有效、生活富裕等多重目标的要求下，旅游精准扶贫的机制、路径与模式要兼顾效益和公平，要进一步反思现代化的生产、生活方式以及城市流行文化和价值观对乡村传统文化和价值认同的影响，致力于探索更具推广价值和人文关怀的旅游精准扶贫创新发展路径。

（3）优化旅游精准扶贫对乡村振兴综合贡献的技术支撑和动态方案。旅游精准扶贫要想推动乡村振兴发展，需要在既有旅游精准扶贫综合效应评价体系中，对标乡村振兴发展目标，建立量化评价方案和技术支撑，进一步加大基础数据库建设和定量与非定量数据挖掘。要充分认识到我国贫困局面正逐步缓解、明显改善，相对贫困和贫富差距问题将长期存在，建立多理论、多学科、多视角、多技术交流互动和有机融合的学术交流与合作机制，构建紧密的学术合作生态网络，拓展旅游精准扶贫研究的广度和深度，提前部署新贫困形势下旅游精准扶贫如何积极作为等前瞻性研究。

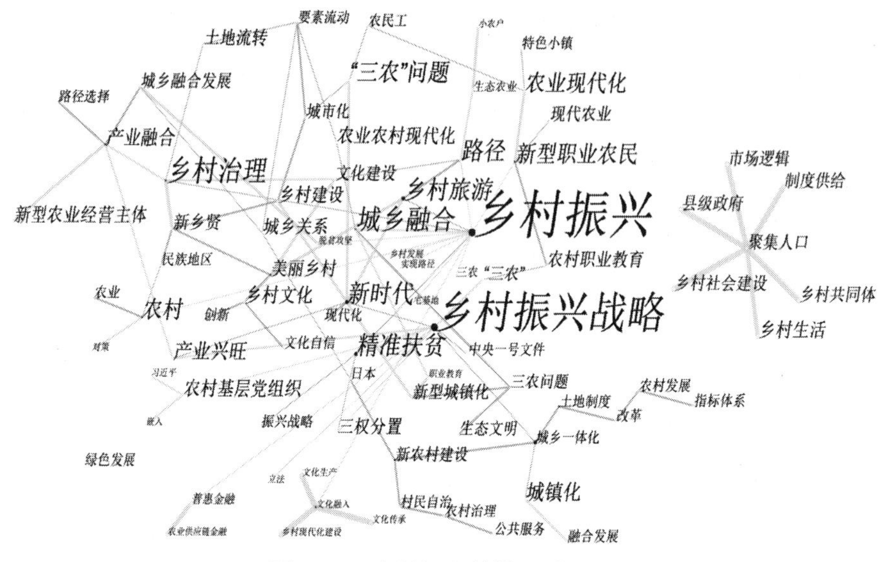

图 2－6　乡村振兴关键词时区图

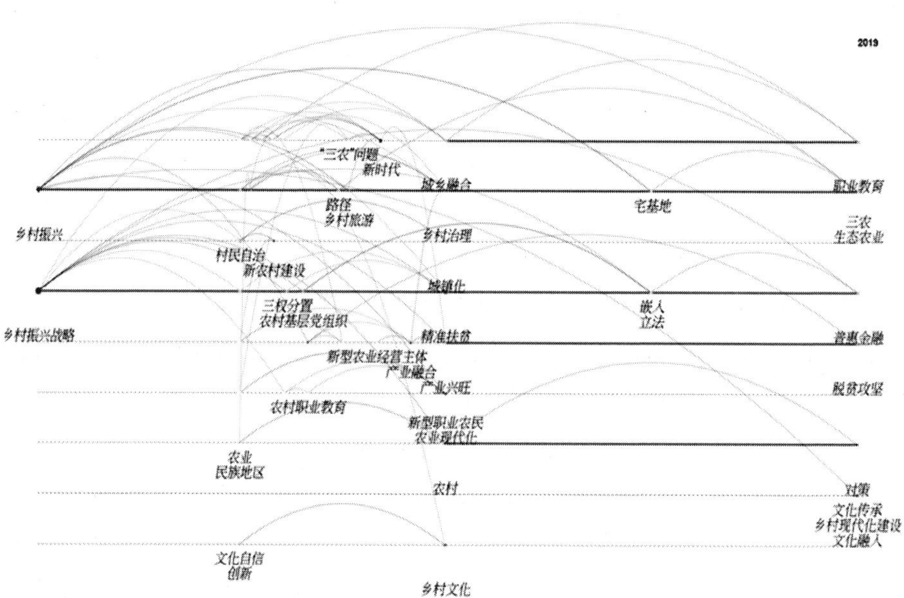

图 2－7　乡村振兴关键词时间线图

注：参数设置：Node Types = Keywords，TopN = 50，g – index = 5。

2.5 小结与讨论

（1）旅游精准扶贫研究是乡村旅游与扶贫脱贫（精准扶贫）等学科方向的重要分支，在人文地理学、旅游管理学、农业经济学等学科的支撑下，响应精准扶贫国家政策和战略部署，深入研究旅游精准扶贫实践中的理论指导、模式路径、策略机制等问题，取得了一系列丰富的研究成果。目前，越来越多的成果积极反思旅游精准扶贫的目标导向和实践进展，更加理性地探索旅游精准扶贫对于乡村发展、乡村旅游产业发展、乡村人口脱贫致富的综合贡献，更加突出贫困人口、社区参与、满意度和幸福感等人文关怀。

（2）当前，乡村发展和旅游产业实践日新月异，旅游精准扶贫的相关理论研究与时俱进，密切跟踪乡村振兴的实践进展、政策导向和学科发展动态，是旅游精准扶贫在新时代、新贫困形势下助力乡村振兴的重要前提。从已有研究成果看，精准扶贫和乡村振兴互为对方知识图谱中的理论热点，未来旅游精准扶贫研究需要密切产业兴旺、生态宜居、乡风文明、治理有效、生活富裕等乡村振兴的深刻内涵，推动乡村旅游和精准扶贫成为乡村振兴的重要驱动力和有效路径（何琼峰、宁志中，2019）。为进一步发挥服务乡村振兴、“三农”问题、城乡融合等乡村发展重大问题的支撑作用，需要充分对标乡村振兴的战略要求和理论研究热点，基于新时代国情国力和母学科背景构建旅游精准扶贫的理论框架，从丰富的地方和产业实践中探索更具人文关怀的区域路径与创新模式，优化旅游精准扶贫对乡村振兴综合贡献的技术支撑和动态方案。

（3）农村贫困是一个复杂的区域问题，旅游精准扶贫是一项综合的系统工程，不仅涉及区位条件、资源开发、产业发展、金融扶持、社会救助等多个领域，也涉及政府、社会团体、企业、农民等多利益相关者。需要进一步挖掘乡村振兴战略背景下旅游精准扶贫的空间联系、相互作用、地域模式与发展路径，加深对旅游精准扶贫的科学认知，为乡村振兴精准施策提供科学依据。

第3章 乡村旅游扶贫中农户参与的影响因素与内在机理①

乡村旅游扶贫是推动贫困地区乡村振兴的重要途径，研究农户参与旅游扶贫的影响因素，对于提高旅游扶贫效果、保障乡村旅游的益贫性具有重要意义。本章基于湖南省凤凰县14个自然村349份农户访谈数据，利用扎根理论方法的开放性编码、选择性编码和理论性编码三重过程，分析农户参与乡村旅游扶贫的影响因素与内在机理。村民对乡村旅游发展存在核心诉求和主要期待，可构建“资源和市场—政策和环境—农户参与—精准扶贫”四个维度的农户参与乡村旅游扶贫概念模型，据此识别农户参与乡村旅游扶贫的影响因素与内在机理。研究发现，农户能否实现有效参与和精准扶贫受一系列因素影响，其中如何提升农户的旅游参与能力和获得感是旅游扶贫攻坚的关键所在。贫困地区宜进一步重视旅游开发所带来的整体扶贫效益，改善贫困地区旅游发展的政策和环境、资源和市场等综合环境，有效提升农户参与能力和获得感，是旅游扶贫攻坚的关键所在。

3.1 引言

我国贫困地区大多面临生态环境脆弱和贫困的双重压力，保持生态环

① 本部分内容曾公开发表，详见何琼峰，宁志中．乡村旅游扶贫中农户参与的影响因素与内在机理——基于扎根理论的湖南凤凰县案例研究［J］．中国农业资源与区划，2020（5），有修改。

境与经济建设的协调发展是新阶段国家扶贫开发的重要策略之一，扶贫与生态环境保护作为贫困地区可持续发展的重要组成部分业已成为政府与学者的共识（曹诗颂等，2016）。我国贫困地区在产业基础、区位条件、资金与技术等方面处于明显劣势地位，但从现代旅游休闲产业发展的视角看，贫困地区“老、少、边”致贫原因的背后，其老区红色文化、少数民族文化、边区地理地貌与生态环境等独特资源，恰恰是旅游发展的优势条件和旅游减贫的现实可能条件（李会琴等，2015；王超、罗兰，2018；黄细嘉、赵晓迪，2018；董菁等，2018）。旅游扶贫作为一种广泛推广的扶贫方式，在改善我国贫困地区经济、社会、文化、环境等方面起到了较大的拉动作用。

党的十八大以来，全国乡村旅游与旅游扶贫工作基本形成了旅游促扶贫、扶贫助旅游、贫困地区旅游产业大发展的全新格局（中国旅游研究院，2018；戴斌，2018；唐晓云，2017；宋子千，2017）。在我国农村地区贫困性质由区域性整体贫困逐步转向局部和个体贫困的现实背景下，我国乡村扶贫方式亟须由长期实施的村级瞄准逐步转向符合贫困人口生计特征的精准扶贫（刘彦随，2018；汪三贵、曾小溪，2018；陈秧分等，2018）。已出台的《乡村旅游扶贫工程行动方案》《关于支持深度贫困地区旅游扶贫行动方案》等政府文件，均明确要求按照“六个精准”（扶贫对象精准、项目安排精准、资金使用精准、措施到户精准、因村派人精准、脱贫成效精准）的要求，精准锁定乡村旅游扶贫重点村、建档立卡贫困户和贫困人口，精准发力，精准施策，切实提高乡村旅游扶贫脱贫工作的成效。

精准脱贫是决胜全面建成小康社会必须打好的三大攻坚战之一。对标贫困户脱贫后的可持续发展等乡村振兴目标，新形势下乡村旅游精准扶贫仍一定程度上存在把贫困户当成纯粹的被动支持对象甚至是施舍对象、忽视贫困户在乡村旅游发展过程中的有效参与和能力建设的重要性、部分农户特别是贫困农户仅能浅层次参与或未参与旅游发展、所获经济收益有限、忽视非经济收益和长期可持续发展等一系列具体问题。研究表明，影响贫困农户参与旅游的主要因素包括旅游参与能力不足、地点偏僻可进入性差、金融资本缺少、资源利用权利受限、满足旅游者需求的能力有限、农户正当利益未获得有效保护等（罗鲜荣等，2017；左冰，2016；李会琴等，2015；卢冲等，2017；唐永芳，2018）。这些研究大多基于定性分析，鲜见量化的研究分析。

农户是乡村旅游的核心参与主体与农村扶贫的主要目标对象，在农村地区贫困性质已由区域性整体贫困逐步转向局部和个体贫困的现实背景下，农户参与式旅游日益成为提升旅游扶贫绩效的可行思路。基于农户诉求的乡村旅游精准扶贫研究，既是对《中共中央、国务院关于实施乡村振兴战略的意见》《中共中央、国务院关于打赢脱贫攻坚战三年行动的指导意见》等国家重要文件的直接响应，更能为贫困人口在非均衡经济和不平等结构中通过乡村旅游发展获益及增加发展机会提供科学支撑。

3.2 数据来源和研究方法

3.2.1 数据来源

本章研究以凤凰县为例，广泛收集凤凰县旅游扶贫的相关文件和政策，综合考虑各村贫困度、乡村旅游发展程度和区域分布，甄选 14 个不同关系类型的典型村落进行了深度调研，调研的主要内容是农户对旅游影响的感知、旅游参与行为、旅游参与意愿、制约因素等。受访农户人口特征的统计分布详见第 1 章 1.3.3 部分。

3.2.2 研究方法

本章研究采取基于扎根理论的质性研究方法，与量化研究不同，扎根理论在进入田野调查前不提出理论假设，而是扎根于经验数据并通过规范、严谨的研究程序来构建理论。扎根理论克服了一般定性研究缺乏规范的方法论支持、研究过程难以追溯和检验、得出的结论说服力不强的问题，其被认为是定性研究中最科学的方法论和最适于进行理论建构的方法。近年来，包括扎根理论在内的质性研究方法得到了国际主流管理学界的逐步重视（贾旭东、谭新辉，2010），具体到旅游领域，已被逐步应用到城市旅游形象定位、会展企业成长路径、酒店品牌内化、旅游幸福感和满意度等方面（苗学玲、保继刚，2007；杨妮、马耀峰和白凯，2010；戴光全等，2012；邱玮、白长虹，2012；张天问、吴明远，2014；何琼峰，2014）。扎根理论的核心是强调在不断比较中进行原始资料的概念化、范畴化和理论抽象化工作，其分析过程包括开放性编码、选择性编码和理论性编码三重编码过程。其中，开放性编码是把原始资料抽象化、概念化、范畴化，形成抽象范畴的过程；选择性编码是建立核心范畴间的各种联系并展现资料中各部分的有机关联；理论性编码是将核心范畴其间的并列、因果和递进等隐含的相互关系建立起概念密实、充分发展的理论构建（见图3－1）。

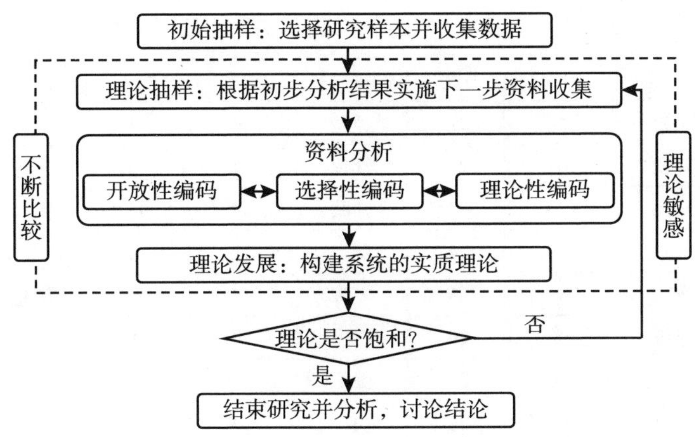

图3－1　扎根理论研究方法框架

3.3　凤凰县典型村落农户对乡村旅游的主要评价

3.3.1　词频分析

本章研究首先将所有评论内容汇总到“.txt”格式的文本文档中，然后通过ROST CM6软件对文本文档进行词频和语义网络分析，在剔除数量词、副词、连词以及其他虚词后，最终提取出了60个关于凤凰县典型村落农户对乡村旅游评价的高频词汇（见表3-1）。从排名前60位的词语来看，排名靠前的“旅游”“开发”和“村民”反映出农户对凤凰乡村旅游的关注集中体现在旅游开发的期待和获得感提升方面。从高频次的类别来看，农户重点关注以“政府”“资金”“政策”“补贴”等为主的政策支持，以“就业”“收入”“土地”为主的个体参与能力和旅游收益，以“交通”“民族”“环境”“文化”“农业”为主的旅游发展的核心要素配套资源，以及以“景区”“农家乐”“带动”等为主的商业模式。此外，其余高频词汇还反映了农户对总体规划、技术培训、旅游及游客影响等方面的诉求和期待，对现有旅游扶贫当中存在的问题和改善建议也较为集中。

表3-1　凤凰县典型村落农户对乡村旅游的高频词汇（前60名）

序号	高频词	频次	序号	高频词	频次	序号	高频词	频次
1	旅游	246	21	经验	34	41	致富	22
2	开发	164	22	管理	34	42	土地	20
3	村民	100	23	补贴	34	43	劳动力	20
4	问题	90	24	游客	32	44	猕猴桃	20
5	政府	86	25	经济	32	45	满意	20
6	建议	78	26	农民	30	46	能力	20
7	资金	74	27	保护	30	47	不合理	20
8	本村	52	28	农家乐	30	48	指导	18
9	带动	48	29	景区	28	49	改善	18
10	本地	46	30	农产品	26	50	身体	18
11	机会	46	31	国家	26	51	环境	18
12	就业	46	32	经营	26	52	餐饮	18
13	增加	44	33	交通	26	53	农业	18
14	收入	44	34	资源	26	54	安排	18
15	政策	42	35	文化	26	55	困难	18
16	扶贫	40	36	设施	26	56	维修	18
17	参与	40	37	种植	26	57	恢复	18
18	建设	36	38	房子	24	58	培训	18
19	技术	36	39	民族	24	59	卫生	18
20	规划	36	40	素质	24	60	搬迁	18

3.3.2 语义网络分析

语义网络是通过概念和语义关系来表达知识的一种网络图，由一组节点和一组连接节点的弧构成，其中节点用来表示事物、概念、属性、动作、状态等，弧用来表示所连接的节点之间的语义联系（王永明等，2015）。在凤凰县典型村落农户对乡村旅游的语义网络中（见图3-2），核心圈由“开发”“政府”“资金”“就业”等高频词围绕“旅游”构成，其共同作用构成了凤凰县村民对乡村旅游政府推动、资金支持、就业带动等方面的认知；次核心圈分别由影响旅游经营和农户参与的“村民”“发展”和“扶贫”“问题”“建议”等因素组成；外围圈主要包括“游客”“政策”“管理”“补贴”等多重综合影响因素。

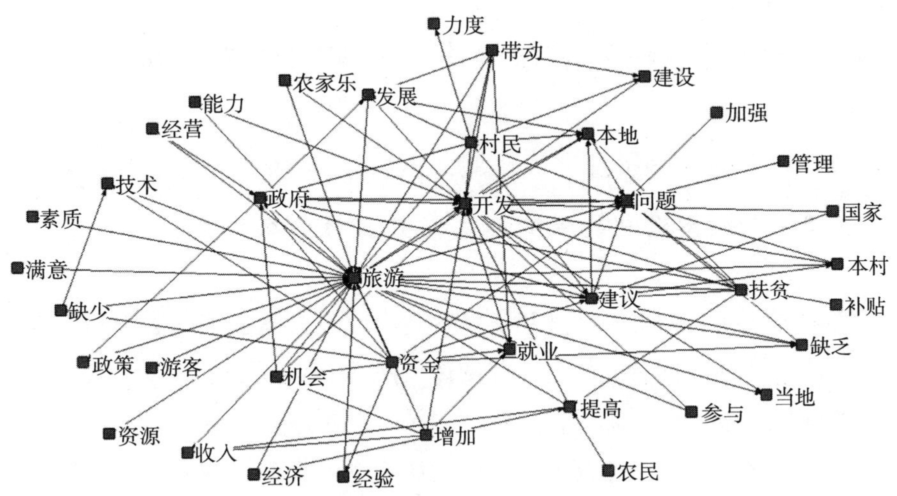

图3-2 凤凰县典型村落农户对乡村旅游评论的语义图

3.3.3 农户评价的主要维度

根据三百余位农户对凤凰乡村旅游的主要评论意见，发现农户高度重视旅游开发所带来的整体扶贫效益，如何提升农户的获得感、满意度和幸福感是旅游扶贫攻坚的关键所在，游客评价主要集中在以下几个方面：一是农户对发展旅游满怀期待，对本地优势文化和民族资源高度认同，参与旅游开发的意愿非常强；二是希望政府出面引导旅游开发工作，在旅游产业和旅游市场等方面发挥主导作用；三是农户充分认识到当前制约农户参与和旅游扶贫的关键因素，包括土地、能力、技术、资金等方面的内在条件和制度因素；四是农户居民权利意识强烈，充分认识到旅游开发过程可能带来的分配不均、环境污染等负面影响。从凤凰县典型村落农户对乡村旅游深度调研主要评价的总体情况看，当前乡村旅游作为贫困地区农户摆脱贫困、发家致富的重要途径已经具有良好的群众基础，随着农户综合素质和权利意识的提升，不同农户对旅游发展如何助推乡村振兴都有或多或少的思考并体现出充分的智慧和明确的利益诉求，迫切需要梳理并建立一套综合分析系统，用以较为全面地反映乡村旅游扶贫中农户参与的影响因素与内在机理。

3.4 凤凰县乡村旅游扶贫中农户参与的模型构建

3.4.1 概念化与初步范畴化（开放性编码阶段）

在研究之初，围绕着“乡村旅游扶贫中农户参与的影响因素与内在机理”这一核心研究问题，笔者反复阅读凤凰县14个自然村349份农户访谈的具体评论，不带任何研究者的预设和偏见，对原始评论资料逐字逐句进行编码、标签，以从原始资料中产生初始概念、发现概念范畴。通过对有意义的语句进行分解，合并出在意义上存在重复或者交叠的初始概念。笔者在概念化阶段提炼出三百余条原始语句及相应的初始概念。由于初始概念的数量庞杂且存在一定程度的交叉，进一步根据概念之间存在的因果、相似、类型等关系将与同一现象有关的概念聚类成一个范畴，在进行范畴化时，剔除重复频次极少的初始概念（频次少于3次）。经过范畴化后，三百余个初始概念最终形成53个范畴（概念化和范畴化举例分析具体见图3－3），分别是旅游资源、知名度、旅游规划、业态创新、经营模式、农业经营、旅游服务、企业带动、能人带动、服务品质、收益分配、停留时间、游客规模、政策支持、资金支持、教育培训、交通设施、配套设施、竞争环境、政策执行力、政策透明度、政策公平性、自然灾害、参与意愿、劳力（能人）、从业技能、资金能力、信息获取、工作季节、土地入股、经营权、打工机会、经营机会、家庭收入、交通条件、生活设施、治安状况、生活成本、民族文化、邻里关系、乡村民风、村民能力和素质、生态环境影响。

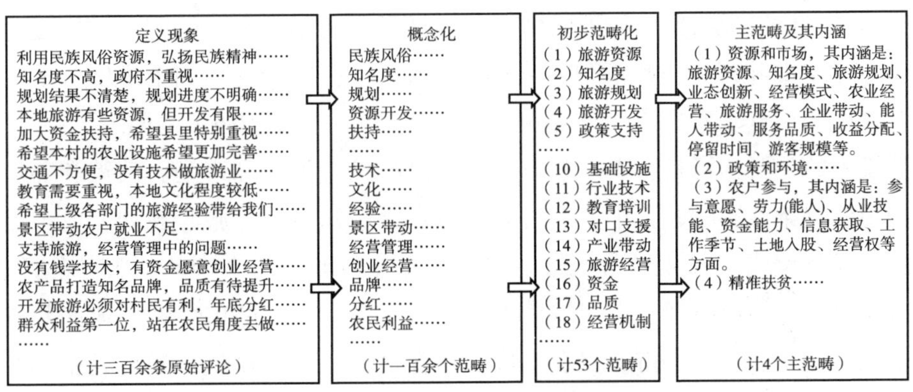

图3－3　概念化和范畴化举例分析

3.4.2　主范畴的发掘（选择性编码阶段）

考虑到初始范畴的意义比较广泛，范畴与范畴之间的相互关系模糊，因此需要进一步将初始范畴放回原始资料中，对原始网络评论资料进行分析。在对研究情境和研究对象进行充分理解的基础上，深入分析范畴的属性，通过不断比较，按照不同范畴之间的相互关系和逻辑次序，对其进行归类，对“乡村旅游扶贫中农户参与的影响因素与内在机理”的53个初始范畴加以综合分析，最终形成农户参与、资源和市场、政策和环境、精准扶贫4个主范畴，这4个主范畴将“乡村旅游扶贫中农户参与的影响因素与内在机理”的53个初始范畴囊括在一个比较宽泛的理论范围之内。例如，主范畴之一的农户参与包括参与意愿、劳力（能人）、从业技能、资金能力、信息获取、工作季节、土地入股、经营权八项初始范畴，这八项因素通过影响农户的乡村旅游参与行为间接地影响着精准扶贫绩效。

3.4.3 模型的构建（理论性编码阶段）

在经过开放性编码、选择性编码两个阶段的分析之后，所得的主要范畴基本涵盖“乡村旅游扶贫中农户参与的影响因素与内在机理”的全部必备要素，进入最后一个阶段的理论构建。在这一阶段，主范畴与主范畴之间的关系已经形成比较清晰的脉络并逐渐显现出来，本章研究由此构建一个由“资源和市场—政策和环境—农户参与—精准扶贫”四个维度构成的乡村旅游扶贫中农户参与的影响因素与内在机理概念模型（见图3－4）。该模型的主要内涵是：农户参与乡村旅游扶贫受资源和市场、政策和环境两项前提条件影响，其中，乡村的旅游资源、知名度、旅游规划、业态创新、经营模式、农业经营、旅游服务、企业带动、能人带动、服务品质、收益分配、停留时间、游客规模直接反映了乡村旅游的市场和产业面基本情况，地方的政策支持、资金支持、教育培训、交通设施、配套设施、竞争环境、政策执行力、政策透明度、政策公平性、自然灾害是乡村旅游发展的重要保障，在乡村旅游的发展过程中，影响农户参与的微观因素主要有参与意愿、劳力（能人）、从业技能、资金能力、信息获取、工作季节、土地入股、经营权等方面，农户参与乡村旅游的扶贫绩效需要从打工机会、经营机会、家庭收入、交通条件、生活设施、治安状况、生活成本、民族文化、邻里关系、乡村民风、村民能力和素质、生态环境影响等方面进行监测。最后，用剩余的1/3评论文件进行所构建概念模型的饱和度检验。结果显示，模型中的范畴已经发展得非常丰富，对于影响农户参与乡村旅游的四个主要范畴都没有发现形成新的范畴和关系，因此认为本章所构建的概念模型在理论上是饱和的。

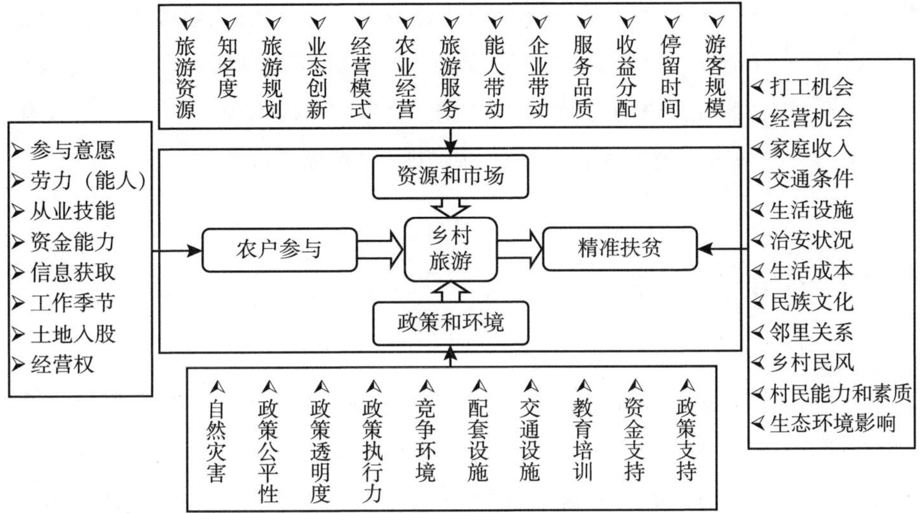

图3-4　乡村旅游扶贫中农户参与的影响因素与内在机理概念模型

3.4.4　影响因素和内在机理阐释

结合农户深度访谈的主要诉求，影响凤凰县农户参与乡村旅游和精准扶贫的主要因素和内在机理主要有以下四个方面。一是政策和环境是乡村旅游的前提条件，需要政府充分考虑政策公平性、农户受益、二次分配等旅游脱贫政策，在政策引导、资源保护、资金支持、推广宣传方面发挥核心主导作用，重点是苗寨的保护资金等方面的诉求较高。二是资源和市场是乡村旅游的重要基础，当务之急是加强乡村旅游整体规划和提升、旅游开发中村集体和村民权益的保护、准确把握旅游市场特征和提升旅游服务品质，着力构建以贫困人口为基础环节的利益联结链，建立完善长期、稳定、相对合理的利益分配机制，重点包括“希望能被统一规划，多开发当地的民族文化与风俗”“旅游收入用于本村建设，保护维修及时跟进”“与村民的合同要带来实质性的好处，开发商建立退出机制”等。三是农户有效参与是乡村旅游的核心内容，要通过乡村旅游从业人员的系统培训，改变农户“等、靠、要”等思想，增强乡村旅游发展中村集体和农户的博弈能力和受益程度，加快吸引农民返乡就业和示范带动，具体包括“建议村统一品牌，统筹各户的分散观念”“重视教育和培训，提高少数民族文化教育程度”等工作重点。四是精准扶贫是乡村旅游的根本落脚点，要使乡村旅游发展的经济、社会、文化等综合效益惠及普通村民，尤其是贫困农户，不仅实际增强农户的当期经济效益，更重要的是增强农户长期可持续发展能力，切实提升农户的获得感、满意度和幸福感。

3.5 小结与讨论

旅游扶贫是乡村旅游工作的重中之重，这是党中央、国务院赋予旅游和农村部门的重要任务和使命。当前，旅游扶贫工作已进入精准施策、深入攻坚的关键时期，更需要集中优势力量，强化攻坚责任。本章研究围绕“乡村旅游扶贫中农户参与的影响因素与内在机理”这一核心研究问题，利用扎根理论分析凤凰县三百余位村民的深度访谈资料，有效地梳理了村民发展乡村旅游的核心诉求和主要发展思路，在此基础上，通过开放性编码、选择性编码和理论性编码这三重规范的编码过程，构建了包括“资源和市场—政策和环境—农户参与—精准扶贫”四个维度的概念模型。研究发现，贫困地区农户高度重视旅游开发所带来的整体扶贫效益，政策和环境、资源和市场是贫苦地区乡村旅游发展的两项前提条件，农户能否实现有效参与和精准扶贫受一系列因素影响，其中如何提升农户的旅游参与能力和获得感是旅游扶贫攻坚的关键所在。在具体政策制定和产业发展时，建议充分考虑农户参与乡村旅游的长效机制，使乡村旅游发展的经济、社会、文化等综合效益惠及普通村民，尤其是贫困农户，增强农户长期可持续发展能力，切实提升农户的获得感、满意度和幸福感。

本章所选择的案例反映了中西部地区广大乡村地区农户希望通过旅游脱贫致富的殷切期待，也发现了农户和村集体在政府和企业面前处于相对弱势地位并存在发展“瓶颈”，其模型和结论对于乡村旅游更好地惠及农户具有较高的参考价值和指导意义，限于访谈的深度、受访农户的有限性和村落发展的阶段性，所构建的模型也有待进一步深入和拓展。在乡村振兴战略和文旅融合新时代、全域旅游新方位、优质旅游新战略等背景下，贯彻落实好乡村旅游精准扶贫的发展理念，在寻求农户参与乡村旅游的具体实践进路和成功模式等方面仍有很大的探索空间和发展前景，需要进一步根据贫困地区乡村旅游发展的实际情况和发展短板，各有侧重地通过挖掘和提升特色文化、完善旅游综合配套、提升旅游服务水平和能力等方式进一步夯实乡村旅游发展的产业基础，更为重要的是，产业实践“一线”的村镇、乡县等乡村旅游扶贫工作中仍存在严峻的挑战和考验，需要有更高的理论智慧和切实可行的路径去实现乡村旅游扶贫惠及贫困人口的具体目标。

第4章 乡村旅游地小农户与市场连接的生计条件和制约因素①

面向小农户与市场连接的客观需求和乡村旅游蓬勃发展的现实态势，探索乡村旅游地小农户与市场连接具有重要意义。本章以南省凤凰县旅游统计资料和 14 个自然村 166 份小农户调研数据为基础，对小农户与旅游市场连接的生计条件和制约因素进行研究。结果表明：案例区受访小农户的生计资本水平普遍不高，对小农户直接旅游参与行为、旅游业发展感知存在一定影响。除生计资本外，小农户对乡村旅游发展的感知度和参与度取决于资源要素、灾害风险、就业带动、竞争环境、合作机制、内部环境等多种因素，资金、信息、技能、龙头企业、专业人才等市场化发展核心要素是共性影响因素，资源和产品的丰富度、交通便利程度、决策参与程度等方面的制约则各有差异。农户生计只是影响小农户与市场连接的因素之一，需要外部政策、市场因素等方面的共同作为，加大资金、信息、技能、龙头企业、专业人才等方面的支持力度，方可更好地改善小农户与旅游市场的连接程度和效果，助推乡村旅游发展与产业振兴。

4.1 引言

党的十九大报告提出要“实现小农户和现代农业发展有机衔接”。随

① 本部分内容曾公开发表，详见何琼峰，张月．乡村旅游地小农户与市场连接的生计条件和制约因素——以湖南省凤凰县 14 个村为例［J］．中国旅游评论，2020（4），有修改。

后，中共中央办公厅、国务院办公厅发布《关于促进小农户和现代农业发展有机衔接的意见》，要求提升小农户发展现代农业能力，夯实乡村振兴战略的实施基础。据农业农村部统计，以 50 亩为规模经营标准，截至 2016 年底，中国小规模农户还有近 2.6 亿户，约占农户总数的 97%。据估算，2020 年我国仍将有 2.2 亿户小农，2030 年为 1.7 亿户，到 2050 年仍将有 1 亿户左右（屈冬玉，2019）。由此看来，“大国小农”的基本国情将长期存在，在未来一段时间内，小农户将在我国农业农村现代化建设中占据重要地位。既有研究成果表明，乡村振兴战略用产业兴旺替代了生产发展，更加强调产业发展效益与竞争力（陈秧分、刘玉和李裕瑞，2019），现阶段，小农户在市场信息获取、农业生产条件、科学技术利用等方面存在诸多限制，实现小农户与现代农业发展有机衔接，其本质是要破解分散的小规模经营与社会化大生产之间的矛盾，在不排斥并带动小农户发展的前提下提高农业竞争力（叶敬忠、豆书龙和张明皓，2018；张建雷、席莹，2019；何宇鹏、武舜臣，2019）。如何在立足小农的基础上克服其生产、市场和组织弱势，探索让小农户分享现代农业发展成果的针对性方案，改善小农户在乡村振兴进程中的市场处境，是各界关注的重点与焦点。

作为近年来蓬勃发展的一种新型业态，乡村旅游在农民就业增收、贫困人口脱贫、农村经济发展等方面发挥着显著作用，成为推动小农户与市场连接的重要推力（陈佳等，2017）。大量研究关注到乡村旅游发展与小农户参与问题，从农户作为旅游开发参与者或旅游开发受益者的视角，探讨旅游开发中农户的增收效应、福利感知和分配制度（喻忠磊、杨新军和杨涛，2013；韩锋、宁攸凉和赵荣，2019；余利红，2019；刘德光、王朝举和刘玲，2019；徐旭初、吴彬，2018）。有研究表明，小农户在乡村旅游发展过程中的有效参与和能力建设不足，存在浅层次参与或未参与旅游发展、所获经济收益有限、忽视非经济收益和长期可持续发展等一系列问题（何琼峰、宁志中，2019；2020；吴吉林、刘水良和周春山，2017；张春友、陈秋华和刘森茂；2019）。总体而言，现有文献多从农户旅游参与的影响因素以及农户从事旅游活动的效益分析两个方面切入，以旅游市场作为中间变量，综合考虑同一乡村旅游目的地农户与市场连接的参与程度和影响因素的研究较为鲜见。

可持续生计是一种研究小农户与市场连接行为决策的有效分析方法，也是乡村旅游地小农户与市场连接的重要基础。目前，关于乡村旅游与可持续生计关联性的研究主要集中在量化分析和研究方法、乡村旅游对可持续生计的作用及其正反面影响、乡村旅游促进可持续生计的路径方法及模式等方面。近年来，针对农户生计与旅游发展过程中的城镇化、土地整理、农户满意度、社区发展的相关研究也在不断拓展（贺爱琳等，2014；史玉丁、李建军，2018；席建超、张楠，2016；罗文斌等，2019；丁建军等，2019；刘秀丽等，2018；崔晓明、杨新军，2018），但从可持续生计视角研究乡村旅游地小农户如何与市场有机连接的研究尚待加强。本章聚焦不同生计条件下小农户与旅游市场的连接程度和制约因素，可为乡村旅游地更好地促进小农户参与和受益提供科学依据。

4.2 数据来源和处理方法

4.2.1 数据来源

本章研究以凤凰县为例，在综合考虑凤凰县各地乡村旅游发展程度的基础上，采用结构问卷和半结构性访谈方法对农户进行入户调查以获取实证分析数据。根据当地旅游主管部门的推荐，主要调研了菖蒲塘村、拉毫村、老洞村、勾良村、舒家塘村、东就村、早岗村、黄毛坪村、老家寨村、椿木坪村、雄龙村、长坳村、老田冲村、古双云村 14 个村。共对 349 位小农户进行了问卷调查及深度访谈，其中 166 位小农户参与了旅游开发并对本户影响给出了总体评价。相关调查内容主要有农户家庭生计基本情况、农户直接参与旅游和间接感知旅游的情况、限制农户参与旅游的主要因素。受访的 166 位小农户的基本情况统计于表 4 - 1 中。数据显示，案例区农户劳动力比例不高，受教育程度、健康状况、生活条件、住宅条件等方面的情况较为一般。

表4－1 案例区小农户基本数据

统计项目		比例（%）	统计项目		比例（%）	统计项目		比例（%）	统计项目		比例（%）
户均人口	1～3人	20.92	从业情况	劳动力比例	56.56	生活条件	通电	100.00	房屋年限	新建中	6.25
	4～6人	67.05		少数民族比例	95.90		自来水	80.75		5年以内	15.77
	7人以上	12.03		务农	36.08		水厕	20.11		5～10年	22.62
受教育程度	不识字	21.91		农闲打工/农忙务农	5.77		摩托车	43.68		10～20年	19.94
	小学	37.08		常年外出打工	17.71		小轿车	7.47		20年以上	35.42
	初中	28.02		稳定的非农工作	2.61		电冰箱	72.13	房屋结构	土坯房	25.07
	高中	5.41		学生	24.41		电视机	93.97		砖瓦平房	25.95
	中专	2.25		其他	13.41		空调	4.89		砖瓦楼房	43.73
	大专及以上	5.32	从业地区	本村	62.04		热水器	25.57		其他结构	5.25
健康状况	良好	66.84		本乡镇	7.97		计算机	17.24			
	一般	19.01		本县	8.55		宽带	15.52			
	较差	10.63		本省	3.87		电话和手机	97.99			
	很差或残疾	3.52		外省	17.57						

4.2.2 数据标准化与权重确定

首先，在数据预处理时进行初步整理与检查，对缺失值和异常数据进行必要的核对、校正和剔除，并运用SPSS19.0软件，采用Cronbach's alpha系数法对数据信度进行检验。调查样本指标整体的Cronbach's alpha系数达0.631，在实证研究中属于可以接受的范围。

其次，对小农户生计资本的测量指标进行无量纲化处理。假定有n个评价对象，m个评价指标，i表示评价对象，j表示评价指标，则

$$S_{ij}=\frac{x_{ij}-\min\{x_{1j},\ \cdots,\ x_{nj}\}}{\max\{x_{1j},\ \cdots,\ x_{nj}\}-\min\{x_{1j},\ \cdots,\ x_{nj}\}}$$

$$(i=1,\ 2,\ 3,\ \cdots,\ n;\ j=1,\ 2,\ 3,\ \cdots,\ m)$$

S_{ij}即为指标值无量纲化处理后的标准化值。在数据标准化后，需要确定各项指标的权重系数。权重系数的确定既有定性研究，也有定量研究，在一些情况下，还可以采用定性与定量相结合的方法确定指标权重。为适应生计资本多指标变量的权重计算要求，同时有效克服指标间信息重叠，本章采用客观赋权的熵值法确定权重，其可信度较高（陈佳等，2017）。

4.3 乡村旅游地不同生计资本小农户与旅游市场的连接程度

4.3.1 农户生计资本评估

农户生计资本是小农户参与各类市场活动的基础。依据农户可持续生计分析框架（SLA），农户生计资本在一般情况下包括自然资本、物质资本、人力资本、金融资本和社会资本五大类资本（苏芳、徐中民和尚海洋，2009）。本章在借鉴国内外学者关于生计资本量化研究的基础上，根据凤凰县乡村旅游发展中的实际情况进行调整补充，最终形成凤凰县小农

户生计资本测量指标体系，对指标体系中各级指标进行说明及赋值，并通过熵值法确定权重（见表4－2）。

表4－2　小农户生计资本测量指标体系

一级指标	二级指标	权重	权重排序	均值	标准差	方差	生计资本量化值
人力资本	劳动力规模	0.034	8	2.43	1.21	1.46	0.15
	劳动力质量	0.036	7	1.88	0.73	0.54	
自然资本	耕地面积	0.012	13	3.06	2.13	4.55	0.27
	耕地质量	0.072	6	3.26	2.24	5.01	
物质资本	房屋间数	0.031	10	2.82	1.39	1.92	0.23
	日常耐用消费品	0.034	9	4.07	1.83	3.34	
金融资本	家庭纯收入	0.014	12	3.68	2.95	8.73	1.08
	银行借款难易程度	0.128	4	4.87	3.85	14.83	
	朋友邻居借款难易程度	0.104	5	3.88	2.71	7.33	
社会资本	社会联结度	0.158	3	1.07	0.18	0.03	0.72
	邻里关系的睦和程度	0.025	11	6.22	3.08	9.51	
	技能培训机会	0.182	1	1.11	0.24	0.06	
	社会网络支持度	0.170	2	1.11	0.26	0.07	

注：指标说明：劳动力规模指劳动力（16～65岁、有劳动能力、不含学生）数量，连续变量；劳动力质量指户主文化程度（不识字＝0、小学＝1、初中＝2、高中＝3、中专＝4、大专及以上＝5），虚拟变量；耕地面积指家庭承包耕地面积（二轮承包面积），连续变量；房屋间数指农户拥有的房屋数量（不含杂房），连续变量；日常耐用消费品指农户家庭拥有的固定资产种类数，连续变量；家庭纯收入指调查年份上一年家庭纯收入，连续变量；社会联结度指家里是否有各级干部（有＝1、无＝0），虚拟变量；技能培训机会指有没有获得过培训（有＝1、无＝0），虚拟变量；社会网络支持度指有没有参加专业协会或农民合作社（有＝1、无＝0），虚拟变量；耕地质量、银行借款难易程度、朋友邻居借款难易程度、邻里关系的和睦程度分别用0～10分代表，0分非常差或者非常难，10分非常好或非常容易，连续变量。

（1）人力资本：人力资本主要包括劳动力的数量与质量两个评价指标，指标权重均为0.035左右。受访的166户小农户人力资本测算值处于0.06～0.34，均值为0.15。数据显示，166户受访小农户中有63户的人力资本水平在平均值以上，占受访总数的38%。说明六成以上受访小农户家庭人力资本低于受访平均水平。此外，劳动力规模和劳动力质量的方差和标准差均较低，说明各户之间在人力资本上的差距不显著，家庭主要劳动力的学历、劳动力的数量与比重整体都不高，小学及以下受教育程度的占比达到近60%，劳动力占家庭人口的比例平均为56.56%。

（2）自然资本：自然资本主要是指耕地资源的拥有量和耕地质量情况。从权重系数来看，耕地质量的权重系数为0.072，该指标对小农户生计资本指数的影响较大。受访的166户小农户自然资本测算值处于0.08～0.92，均值为0.27。有67位受访小农户的家庭自然资本高于均值，占总数的40%左右。综合标准差数值来看，凤凰县小农户的自然资本同生计资本的分布规律基本保持一致，即普遍处于均值以下水平，且各户之间的差距不显著，小农户对耕地质量的总体评价仅为4分左右（总分10分）。

（3）物质资本：该评价指标体系中的物质资本由小农户拥有的可利用房间数以及日常耐用消费品的数量两部分构成，权重系数的数值较低，对小农户整体生计资本的指数影响较弱。受访的166户小农户物质资本测算值处于0.09～0.64，均值为0.23，有69户的物质资本指数高于均值，不足样本总数的41.56%。综合标准差的数值情况，凤凰县小农户的物质资本拥有水平普遍较低，其中，宽带网络、计算机、热水器、空调、小轿车等现代设备的普及率较低，土坯房和砖瓦平房占比仍高达50%以上。

（4）金融资本：小农户家庭收入水平及信贷水平共同构成了农户生计资本中的金融资本。其中，小农户向银行借款的难易程度对农户金融资本水平及整体生计资本水平的影响较为显著，充分反映出目前在乡村旅游中加强金融组织服务、缓解旅游经营户信贷困难等措施的针对性。数据显示，受访的166户小农户金融资本测算值处于0.25～2.58，均值为1.08。有49%的受访小农户金融资本指数高于平均水平，但认为近十年工资收入和非农收入有明显提高的小农户分别占51.49%和41.13%，从银行、亲朋好友或邻居处借款相对较为容易的占比分别为34.59%、50.60%，充分表明当前案例区金融资本条件有明显提升，且有普遍改善。

（5）社会资本：社会资本的内涵相对较为丰富，包含社会连接度、邻里关系的和睦程度、是否获得技能培训机会以及社会网络的支持度四项内容。从权重系数来看，除邻里关系的和睦程度外，其余三个指标对小农户生计资源的影响均十分显著。数据显示，受访的166户小农户社会资本测算值处于0.55~1.14，均值为0.72。从受访的整体情况来看，73户受访小农户的社会资本指数值高于平均水平，占受访者总数的43%。

综上所述，凤凰县受访小农户的生计资本总体状况一般，42%的受访小农户家庭生计资本状况高于受访平均水平，多数小农户的生计资本相对有限。从各类生计资本状况分析，小农户之间人力资本、自然资本以及物质资本的拥有量差距并不显著，自然资本的拥有情况较好，但人力资本和物质资本的拥有情况较差；金融资本及社会资本对小农户整体生计资本水平的影响显著，尤其是社会资本。总体而言，技能培训机会、社会网络支持度、社会联结度、银行借款难易程度、朋友邻居借款难易程度、耕地质量、劳动力质量对小农户生计资本的总体影响系数较大。

4.3.2 不同生计资本小农户与旅游产业的直接参与程度

进一步分析不同生计资本小农户直接参与旅游开发和经营的相关情况。数据显示，72.3%的受访小农户表示本户没有人参与旅游开发和经营相关工作（未参与户）、27.7%的小农户表示本户有人参与旅游开发和经营相关工作（直接参与户）。在44位直接参户中，2010年前开始参与、2010年后开始参与旅游的各占一半，表明案例区旅游开发时间较早，具有较强的代表性。直接参与户的生计资本综合值均值为1.98，未参与户的生计资本综合值均值为1.81。进一步采用ANOVA方差分析法，分析这两类小农户的生计资本差异，发现两类农户的均值差异较小，但各项子指标差异较大且差异显著。具体而言，直接参与户在家庭纯收入指标方面明显高于未参与户，在银行借款、技能培训、社会连接度方面有一定的优势，其余指标的差异并不明显。数据还显示，直接参与户中，75%以上的小农户是从务农和外出打工转向旅游业，从事农家乐、旅游商品销售、景区工作、交通运输等工作，自发主动参与的能动性要高于政府和企业的带动，缺少资金支持、文化程度较低被认为是制约旅游经营的主要因素。综合而言，案例区生计资本对小农户旅游参与存在一定影响，生计资本构成制约小农户直接参与旅游开发和经营的主要因素（见图4-1）。

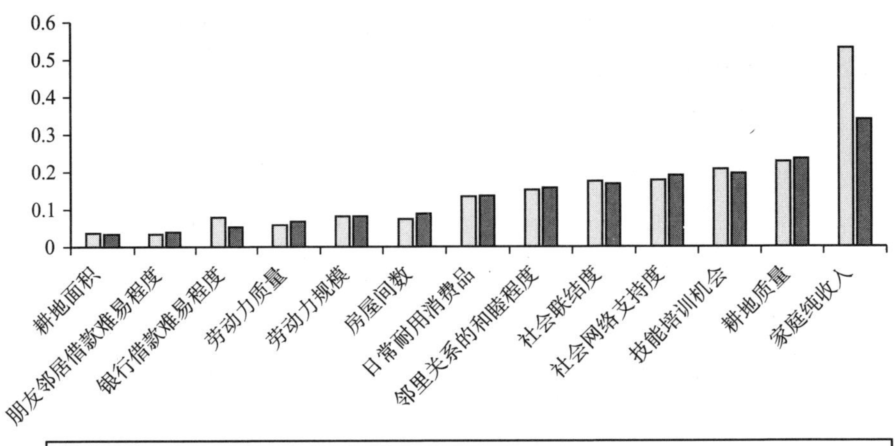

图 4－1　生计资本——小农户旅游参与差异性分析

4.3.3　不同生计资本小农户与旅游产业的间接感知程度

为进一步探究在不同生计资本条件下小农户对旅游业发展的感知度差异，根据小农户生计资本值与小农户对旅游产业开发的感知程度两个维度的均值，将166户小农户划分为四种类型（见图4－2），反映出凤凰县小农户在不同生计资本背景下对乡村旅游市场的感知情况。

第一象限小农户的生计资本状况较好，且对旅游开发影响的感知较好。这类小农户是理想型的乡村旅游开发参与者状态。其生计资源充足，所从事的旅游活动对自然、人力、物力以及资本、金融等资源的依赖性较高。在此背景下，小农户与旅游市场建立良性的互动，依靠各类生计资本的投入来获取收益。该类农户共45户，占27%。

第二象限小农户的生计资本状况较好，但是对旅游开发影响的感知较弱或较差。这类小农户与第一象限的小农户形成鲜明对比。该类小农户虽然生计资源状况佳，但是由于个人认知水平、生计策略选择等因素影响，并未与旅游市场建立积极联系，旅游开发活动的参与度不高，或者获益效果不理想。该类农户共35户，占21%。

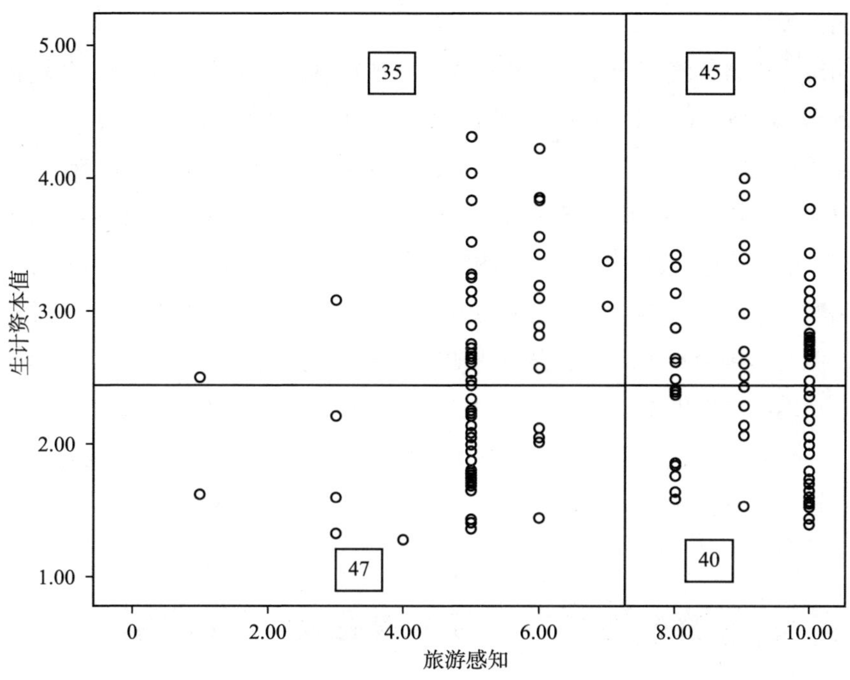

图4-2 生计资本——小农户旅游感知四分图

第三象限小农户生计资本状况一般，对旅游开发的影响感知也相对一般。受访者中该类小农户的数量最多，占28%。凤凰县目前乡村旅游仍处于资源开发阶段，对各类生计资源的依赖程度较高，而小农户个人的主观能动性、创造性以及其他外部因素的积极作用并未得到有效发挥。因而在生计资源有限的情况下，小农户缺少旅游开发的途径和积极性，对旅游开发影响的感知也就较低。为缓解这一情况，一是要提高小农户的生计资本，二是需要创新乡村旅游的发展途径和方式，为小农户与旅游市场的互动和连接提供更多路径。

第四象限小农户生计资本状况一般，但是对旅游开发影响的感知较好。该类受访小农户的数量为40户，占24%。一方面，该部分小农户对旅游发展的影响感知较好，尽管生计资本有限，但是在当地政府的积极引领下，对旅游活动的支持度及参与度高；另一方面，部分受访小农户在生计资源存量有限的情况下，已经在积极探索乡村旅游开发的新路径，例如通过挖掘文化资源等方式来破解物质方面的资本不足，进而参与到乡村旅游的开发中。

综合而言，案例区受访农户对发展旅游产业的感知度总体较高，均值为7.25分（满分10分）。从生计资本与旅游感知之间的关系来看，在生计资本均值线以上的小农户对发展旅游产业的感知度均值为7.54分，有56.25%的农户高于平均水平，略高于较低生计资本小农户对发展旅游产业的感知度（6.98分），但小农户生计资本与旅游感知之间的相关系数较低。由此可以基本判断，生计资本能够在一定程度上影响农户对旅游业发展的间接感知程度，但是影响力较为微弱，农户感知或参与旅游活动的程度应该受包含生计资本在内的多重因素的影响和制约。同时，小农户生计差异要高于对旅游业发展的感知差异，一定程度上表明不同生计条件下小农户对乡村旅游的期待普遍较高，乡村旅游可能成为缓解农户生计差异的有效路径之一。

4.4 乡村旅游地小农户与市场连接的制约因素

4.4.1 小农户参与乡村旅游的主要制约因素

为进一步探究影响小农户感知和参与乡村旅游的因素，采用因子分析法对制约因素进行降维处理，即将相关较为紧密的几个制约因素归为一类，以便找出关键性制约因素。KMO值越接近1，意味着变量间的相关性越强，越适合做因子分析，本章研究的KMO值为0.810>0.8，说明相关变量适合做因子分析。同时，Bartlett的球形度检验的显著性概率为0.000<0.01，这也说明此次采集的数据具有相关性，适合做因子分析（见表4-3）。

表4-3　KMO和Bartlett的检验

取样足够度的Kaiser-Meyer-Olkin度量		0.810
Bartlett的球形度检验	近似卡方	1268.012
	Df	190
	Sig.	0.000

为提高因子分析的结果，本章研究将因子载荷小于0.52的“缺少旅游资源和产品”“土特产品卖不出去”“缺少劳力”三个制约因素剔除，将其余的17项制约因素采取主成分方法提取公因子，为使结果更加合理，使用具有Kaiser标准化的正交旋转法，旋转在11次迭代后收敛，最终提取出六个公因子即六类制约因素，分别为资源要素、灾害风险、就业带动、竞争环境、合作机制、内部环境。总共解释了62.518%的变异，即涵盖了将近62.518%的原始数据信息。

从各项公因子的均值来看，资源要素、就业带动对凤凰县小农户是否参与旅游开发活动具有显著的影响作用，合作机制、竞争环境、内部环境、灾害风险等方面的制约作用相对较弱。其中，资金缺乏（8.56分）、当地龙头企业的带动作用弱（8.05分）等制约因素的影响力较大，技能（7.47分）、专业人才（7.41分）以及信息（7.33分）等制约因素的均值也位居前列。受旅游淡旺季的影响，工作岗位不稳定（6.81分）、工作机会少（6.31分）、土特产品加工不足（6.31分）等问题也比较突出。这表明，生产活动中关键要素的缺失和就业带动能力偏弱，是小农户与旅游市场发展不匹配、在市场谈判与竞争中处于劣势地位的主要因素。旅游资源和产品条件、家庭参与村集体生产经营决策不足、旅游收入分配不合理、村村竞争和村内竞争、自然灾害（病虫害）、交通条件和客流情况等因素的影响程度相对较小，并非当前最重要的制约因素，但也需引起重视（见表4－4）。

表4－4　小农户制约因素因子分析

公因子	项目	因子载荷	各项均值（分）	特征根值	各公因子均值（分）
资源要素	缺少技能	0.765	7.47	5.358	7.76
	缺乏信息	0.758	7.33		
	缺少资金	0.695	8.56		
	缺少能人带动	0.666	7.41		
	缺少企业带动	0.632	8.05		

续表

公因子	项目	因子载荷	各项均值（分）	特征根值	各公因子均值（分）
竞争环境	临近村镇竞争太激烈	0.724	3.77	1.767	4.47
	村内恶性竞争	0.596	1.87		
	缺少财政支持	0.545	7.78		
就业带动	工作机会少	0.795	6.31	1.639	6.56
	工作不稳定	0.764	6.81		
灾害风险	自然灾害	0.803	5.23	1.41	4.87
	病虫害	0.756	4.51		
合作机制	旅游收入分配不合理	0.768	4.08	1.307	5.00
	家庭参与村集体生产经营决策不足	0.643	4.61		
	土特产品加工不足	0.599	6.31		
内部环境	来旅游的人少	0.657	4.91	1.023	4.45
	交通不便利	0.651	3.22		
	缺少旅游资源和产品	0.518	5.23		

4.4.2 不同类型小农户参与乡村旅游的主要制约因素

分布在第一象限（见图4-2）的小农户中，有24户表示并未直接参与旅游开发活动；第二象限的小农户中有29户未直接参与；第三象限及第四象限中未直接参与旅游活动的农户数量分别为40户、29户。可见，在不同类型的小农户中，均有较大规模的农户未参与旅游开发活动。为进一步探究对各个象限不同类型的农户而言，参与乡村旅游开发活动的主要制约因素之间的共性和个性，比较各项制约因素的均值和影响系数（见表4-5）。

表 4 – 5　　各象限样本制约因素均值和影响系数

制约因素	第一象限		第二象限		第三象限		第四象限	
	均值（分）	影响系数	均值（分）	影响系数	均值（分）	影响系数	均值（分）	影响系数
缺少旅游资源和产品	4.21	0.33	4.26	0.05	5.53	0.18	4.00	0.29
工作机会少	4.51	0.07	6.51	0.10	7.06	0.08	5.63	0.08
缺少劳力	3.21	0.10	5.51	0.05	4.57	0.04	4.90	0.08
工作不稳定	5.05	0.06	6.69	0.08	7.38	0.09	6.68	0.10
缺少技能	5.93	0.30	8.14	0.28	8.66	0.09	7.23	0.13
土特产品加工不足	6.43	0.06	7.00	0.05	6.29	0.15	6.78	0.07
缺少资金	7.81	0.11	8.97	0.18	8.74	0.10	8.90	0.14
土特产品卖不出去	3.19	0.08	4.28	0.06	5.03	0.14	3.68	0.06
缺乏信息	5.37	0.26	7.62	0.28	8.77	0.22	7.40	0.17
旅游收入分配不合理	3.37	0.05	3.74	0.09	4.85	0.12	3.79	0.05
缺少企业带动	7.00	0.29	8.50	0.28	8.68	0.33	7.15	0.27
家庭参与村集体生产经营决策不足	3.36	0.32	4.29	0.10	4.80	0.08	4.27	0.12
缺少能人带动	5.47	0.36	7.91	0.24	8.64	0.33	6.15	0.28
来旅游的人少	4.24	0.08	5.03	0.07	4.59	0.05	4.50	0.06
缺少财政支持	6.62	0.09	8.24	0.12	8.11	0.26	6.59	0.28
临近村镇竞争太激烈	4.02	0.05	2.71	0.08	3.59	0.08	3.18	0.10
自然灾害	4.67	0.04	5.06	0.12	5.83	0.11	5.62	0.14
村内恶性竞争	1.14	0.06	1.43	0.05	2.43	0.06	1.41	0.13
病虫害	3.91	0.06	4.41	0.13	5.42	0.11	3.72	0.05
交通不便利	2.56	0.04	4.17	0.03	3.96	0.07	2.10	0.27
均值	4.60		5.72		6.15		5.18	

从各象限样本的制约因素排名结果来看，缺少资金、缺少企业带动、缺少财政支持、土特产品加工不足、缺少技能、缺少能人带动、缺乏信息、工作不稳定等因素的重要性在各类型小农户之间存在一致表现，村村竞争和村内竞争、家庭参与村集体生产经营决策不足、旅游收入分配不合

理、交通条件和客流情况等因素的影响程度相对较小。其中，各因素对第二、三、四象限的小农户影响更大，即生计条件较弱和对旅游感知度较弱的小农户面临着更大程度的困难。此外，自然灾害（病虫害）、旅游资源和产品条件、土特产品卖不出去对生计条件一般、旅游感知度较弱的小农户影响较大。综合各个象限制约因素均值和影响系数的分析来看，不同象限影响因素的均值和系数差异化明显，不同类型的农户在各个制约因素的认知上既存在共性，也各有不同。各个象限的农户在缺少能人带动和龙头企业的引领，缺乏信息、技能、资金等关键性要素等方面具有高度的一致性，而在对土特产品的重视度、集体决策的参与度、交通的便利程度等多项因素上具有显著的差异性。需要优先考虑均值和系数较大的影响因素，包括能人、企业、信息、技能、资金等因素的提升或改善对于促进小农户参与旅游生产活动的积极效应更为显著。

具体而言，生计条件较好、参与度较高的第一象限小农户除受能人带动、企业带动、技能、信息等条件的影响之外，旅游资源和产品以及家庭参与村集体生产经营决策不足的重要性也比较高；生计资本状况较好、旅游感知较弱的第二象限农户的制约因素更为集中，与第一象限小农户相比，资金需求或者说启动资金是首要因素，该类农户对技能、龙头企业、信息和能力等因素的需求也更高；第三象限农户无论在生计资本方面还是旅游业的参与感知方面均处于弱势地位，缺乏与市场之间有效的信息沟通是该类农户的首要制约因素，旅游业相关的工作机会少、土特产品的销路不畅等因素也在一定程度上影响了该类型农户参与旅游开发的积极性；第四象限的小农户生计资本状况较差，但是对旅游开发的感知良好，该类小农户认为除资金和龙头企业外，信息、技能、人才等资源要素的缺乏是参与生产活动的主要限制性因素，缺少旅游资源和产品对该象限农户的制约作用最为显著。

4.5 小结与讨论

面对“大国小农”的基本国情和乡村振兴战略下扶持小农户的现实需

求，探索乡村旅游发展过程中，如何更好地实现小农户与现代农业市场、旅游市场的有机衔接，具有重要的理论和实践意义。本章通过构建生计资本评价指标体系，发现凤凰县受访小农户的生计资本水平普遍不高，生计资本差异对小农户直接旅游参与行为、旅游业发展感知都存在一定影响；除生计资本外，小农户对乡村旅游发展的感知度和参与度还受到资源要素、灾害风险、就业带动、竞争环境、合作机制、内部环境等因素的影响；不同类型农户的制约因素既存在一定的相似性，也存在显著的差异性，其中，欠缺乡村旅游发展所需的资金、信息、技能、龙头企业、专业人才等市场化发展核心要素，是限制不同类型农户参与的共性因素，对旅游资源和产品的丰富度、交通便利程度、决策参与程度等方面的主观感知则是个性因素。

农户生计是农户与市场连接的主要因素，但不同区域的响应强度并不一致，也受宏观环境、外部条件和家庭因素的综合影响（丁建军等，2019）。本章研究同样也发现案例区农户生计并不是影响小农户与市场联系的关键因素。由此，在农户生计水平普遍不高的案例区，农户生计这个内部因素只是构成小农户与市场连接的限制条件之一，还需外部政策和市场因素等方面的共同努力，方可有效改善农户与市场的连接程度和效果。为有效提高小农户的市场参与度和感知度，需要针对不同类型农户之间存在的共性问题，充分做好信息、人才、资金等市场化核心要素的服务保障工作，有效发挥龙头企业、农村合作社组织及小农户个体的主观作用，打破乡村旅游发展过程中的信息壁垒、技术壁垒、人才壁垒等，为小农户与旅游市场的有效连接搭建桥梁。

本章研究主要依赖案例区的调研数据，后续可结合不同类型地区的调研进行校验，并立足大样本的调研数据，实证分析小农户与旅游市场连接的市场参与度、感知度及其影响因素，探索乡村旅游地小农户与旅游市场连接的机制与模式，有望形成更为细致的研究结论，值得进一步分析探索。

第5章 乡村旅游扶贫效果的农户感知及其影响因素

深入了解农户对旅游扶贫的认知特征、满意程度及其政策含义，是对既有研究侧重利用可持续生计分析框架、将农户作为一个整体进行研究分析的一种发展，同时，对于完善乡村旅游扶贫政策亦具有一定的参考价值。研究发现，当前农户对旅游扶贫影响感知相对较好，但因村庄贫困人口规模较大、现有项目带动就业能力有限，仍有超过半数的农户反馈参与不够、受益不多或分配不均，存在旅游开发进展偏慢、区域排斥、环境负外部性、生活成本上升、带动范围有限等诸多问题。立足农户和贫困户的需要和受益，有效处理好外生发展与内生发展、点和面、市场与政府的关系，将进一步提升农户旅游参与的获得感和满意度。

5.1 引言

改革开放尤其是党的十八大以来，我国扶贫开发取得了显著成效，国家统计局全国农村贫困监测调查数据显示，按照现行国家农村贫困标准计算，我国农村贫困人口已由 2012 年的 9899 万人减少至 2018 年的 1660 万人，贫困发生率由 10.2% 下降至 1.7%。这些贫困人口较为集中地分布在“老、少、边”地区，受到发展基础、资源禀赋、区位条件等方面的制约，同时也具有独特的地理风貌、风土人情等丰富的旅游资源。加之乡村旅游具有较强的包容性和强劲的带动性，乡村旅游日益成为扶贫攻坚的重要手段。

2014年国务院《关于促进旅游业改革发展的若干意见》明确提出推进乡村旅游精准扶贫工作，要求“加强乡村旅游精准扶贫，扎实推进乡村旅游富民工程，带动贫困地区脱贫致富”，乡村旅游扶贫在全国各地得到广泛推广。

旅游扶贫具有乘数效应，乡村旅游已成为我国农民就业增收、农村经济发展、贫困人口脱贫的主战场和中坚力量，旅游促扶贫、扶贫助旅游、贫困地区旅游产业大发展的全新格局与态势已基本形成。国家乡村旅游扶贫工程观测中心相关数据显示，2017年全国通过乡村旅游实现脱贫人数占脱贫总人数的17.5%。也有研究认为，外来投资企业主导和农民社区主导的旅游开发模式均难以实现旅游脱贫的良好愿望，乡村旅游对农户生计的影响并不一致，不同维度视角下的旅游扶贫效应感知不一（何琼峰、宁志中，2019）。当前，旅游参与型农户的获得感明显强于传统生计型农户，主要局限在经济、资产等维度的受益，教育、健康、生活等维度的影响非常有限。乡村旅游扶贫同样存在漏损效应、综合效应、差异化效应，对贫困户各个维度的影响也存在显著差异，具体影响与地理区位、资源禀赋等因素显著相关。

乡村旅游扶贫以农民增收致富为核心目标，农民的参与度尤其是获得感是检验旅游扶贫绩效的重要依据。在乡村旅游扶贫效应研究正逐步由宏观转向微观，从区域大尺度转向村镇、农户、贫困人口等小尺度的背景下，本章选取湖南省凤凰县作为典型案例，深入研究农户的乡村旅游扶贫感知及其影响因素，有助于深入了解农户对旅游扶贫的认知特征、满意程度及其政策含义，是对既有研究侧重利用可持续生计分析框架、将农户作为一个整体进行研究分析的一种发展，同时，对于完善乡村旅游扶贫政策亦具有一定的参考价值。

5.2 理论思考与研究方法

5.2.1 理论思考

乡村旅游扶贫，是指以乡村旅游作为抓手带动农民脱贫进而致富的发展过程。作为理性的“经济人”，农民对乡村旅游扶贫的满意程度，同时取决于主体即农户和客体即旅游扶贫实践两个方面：（1）从旅游扶贫实践来看，主要包括公平与效率两个维度。其中，效率涉及“蛋糕”大小，与乡村旅游产值紧密相关；公平主要指“蛋糕”分配，与乡村各类生产要素的参与程度及其回报高度相关。具体而言，乡村旅游发展内嵌于社会关系网络，各类旅游组织的发展取决于供给者的多寡、竞争者的数量和消费者的规模，供应商越多、竞争者越少、消费者越多，乡村旅游组织的利润就越高；生产要素参与程度及其回报，与乡村旅游产业链的长度、宽度、高度同时相关，通常，旅游产业链条越长、宽度越广、水平越高，则辐射带动领域越广、涉及主体越多、单位投入的回报越大。（2）从农户层面来看，农户的满意程度是一种心理状态。根据马斯洛的需求层次理论，人的需要可以分为生理、安全、社会、尊重、自我实现等不同层次，需要得到满足，其满意程度相对较高，反之则反，由此，农户认知与各主体的收入水平、受教育程度等因素均高度相关。

5.2.2 方法设计

根据理论分析结果，将从旅游扶贫实践与农户感知两个方面来研究旅游扶贫效果及其影响因素。旅游扶贫内嵌于特定的人地关系地域系统，旅游发展与农户感知受到地方以及更高层次区域的自然与社会经济因素的共同影响，具体影响机制颇为复杂。为了反演这个影响过程，本章将采用定性与定量相结合的研究方法。其中，定性方法主要立足于农户访谈，重点了解其行为态度、主客观因素与发展诉求，借此揭示乡村旅游扶贫效果感知的影响机理。定量方法主要指 Pearson 相关系数分析法，Pearson 相关系数介于 -1 和 +1 之间，可用 t 统计量来检验其显著性，且相关系数的绝对值越大，则相关性越强，借此可以检验该因素对旅游扶贫满意程度的影响。相关变量及其测度依据如表 5 -1 所示。

表 5-1　　乡村旅游扶贫感知的相关变量及其预期效果

指标代码	评价指标	测度方法	取值范围及选取依据
Y	旅游扶贫影响感知	本地旅游发展对本户的影响	[0, 10]，值越大，满意度越高
X_1	家庭人口素质	家庭最高文化程度	[1, 6]，代表从不识字到大专及以上学历，值越大，文化程度越高。既体现家庭视野，也反映参与能力
X_2	微观区位	家里到能通汽车的公路的距离	[0, +∞]，值越大，区位条件越差。体现乡村旅游的可进入性
X_3	收入水平	是不是政府确定的贫困户	[0, 1]，1 指是贫困户。反映旅游扶贫的针对性，也衡量贫困人口的参与能力
X_4	市场意识	对外界信息的了解程度	[0, 10]，值越大，对外界信息的了解程度越高。衡量根据市场需求灵活选择经营方式的能力
X_5	需求层次	对当前家庭的满意程度	[0, 10]，值越大，满意度越高。衡量家庭需求阶段
X_6	旅游开发	本村有没有参与旅游开发	[0, 1]，1 为有。衡量本村是否直接开展了乡村旅游
X_7	旅游就业	本户是否有人参与旅游开发	[0, 1]，1 为有。衡量本户是否直接参与了乡村旅游工作

5.2.3　数据来源

本章综合考虑凤凰县各乡镇的区位条件、贫困程度与乡村旅游发展水平，选取菖蒲塘村、拉毫村、老洞村、勾良村、舒家塘村、东就村、早岗村、黄毛坪村、老家寨村、椿木坪村、雄龙村、长坳村、老田冲村、古双云村 14 个村以问卷调查的形式开展实地调研，共涉及农户 268 户。

5.3 结果与分析

5.3.1 农户感知与影响因素

从测算结果看，农户对旅游扶贫影响感知的均值为6.183分，总体上处于较好水平，其中，评分结果为很差［0，2）、较差［2，4）、一般［4，6］、较好（6，8］、很好（8，10］的农户比例分别为13.8%、3.7%、38.4%、12.3%、31.7%。扶贫效果一般及以下的农户比例合计达到了56.0%，表明超过半数的农户或因参与不够、受益不多或分配不均而对乡村旅游扶贫给予了一般评价。从影响因素来看，各项指标的Pearson相关系数与预期一致，但仅有旅游开发（X_6）、旅游就业（X_7）、需求层次（X_5）、家庭人口素质（X_1）这四个指标呈现显著的正相关关系。其中，旅游开发（X_6）、旅游就业（X_7）反映客体即旅游扶贫实践，直接衡量乡村旅游发展与参与情况。尽管所调研的14个村庄均为省级或国家级乡村旅游扶贫试点村，但仍只有75.0%的农户感知到了本村的乡村旅游开发，意味着有些村庄的乡村旅游扶贫工作尚需要实质性地展开；旅游就业（X_7）的均值仅为0.250，表明仅有25.0%的农户在乡村旅游相关行业就业，农民的乡村旅游参与程度尚需提高。需求层次（X_5）、家庭人口素质（X_1）可以反映主体情况，需求层次与家庭受教育程度越高的农户，其对乡村旅游扶贫的认可程度越高，符合预期。其他三个变量中，用“是不是政府确定的贫困户”衡量的收入水平（X_3），其相关系数较小且不显著。尽管乡村旅游项目中强调了优先聘用贫困人口，但因村庄贫困人口规模较大、现有项目带动就业能力有限，一定程度上可判断乡村旅游并不必然益贫（见表5－2）。

表5-2 各指标均值及 Pearson 相关系数测算结果

变量	旅游扶贫影响感知 Y	家庭人口素质 X_1	微观区位 X_2	收入水平 X_3	市场意识 X_4	需求层次 X_5	旅游开发 X_6	旅游就业 X_7
均值	6.183	3.586	482.041	0.362	3.810	6.455	0.750	0.250
Pearson 相关系数及显著性	—	0.105 (0.087)*	0.034 (0.580)	0.044 (0.478)	0.080 (0.193)	0.121 (0.048)**	0.263 (0.000)***	0.261 (0.000)***

注：***、**、*分别表示在1%、5%、10%的水平下统计显著，() 内数字为t统计量。

5.3.2 农户诉求与意愿特征

从农户（含村干部）访谈情况看，绝大多数的农户都认可要发展乡村旅游。积极影响主要体现在促进了农户的生计多样化，提高了农民的收入水平，改善了农民的生活质量。农民对依靠乡村旅游实现增收致富给予了较高期待，但在实际执行过程中，也存在或带来了旅游开发进展偏慢、区域排斥、环境负外部性、利益分配不均、生活成本上升、带动范围有限等诸多方面的问题，旅游开发实际与农户预期存在较大差距，影响农户对乡村旅游扶贫效果的认可程度。作为典型的贫困地区，农户希望积极参与到乡村旅游开发工作中，但囿于自身经验、能力、区位以及产业本身的发展阶段，农民实际的参与范围与参与程度均较为有限，后续如何参与，部分主体较为迷茫，部分主体倾向于发展农家乐，部分主体结合自身能力选择种植猕猴桃等配套产业。对于乡村旅游（扶贫）如何发展，农民群众的智慧是无穷的，除了部分主体因自身能力有限选择观望或跟进策略外，很多农户都提出了要加大政府扶持、引进最为关键的带动主体、充分发挥村民自治作用，做好文旅融合、旅游体验、农户与旅游产业联结等方面的工作（见表5-3）。

表 5-3　　农户座谈时反映的主要诉求与意愿

类型	代表性语句
乡村旅游（扶贫）评价	（1）积极评价："好的政策""本村的生活质量提高了，娱乐项目更加丰富多彩了。我认为本地旅游开发和旅游扶贫对本村特别好，基本不存在问题""带动了经济的发展，提高了农民的素质""我认为本地旅游开发给本村积累了名气，把本村推广出去，而且自从旅游开发之后，本村的农闲娱乐活动增多了，各种各样的扶贫政策也变多了，更加利民""总体来说发展旅游是好的，对全村都有不同程度的收入改变，村民都很满意""能做点小生意""减少家庭的经济负担""自家做的土特产销路好，价格比以前高，改变了贫困村民的生活质量"。 （2）消极评价："本地旅游有些资源，但考察几次开发有限，旅游没开发，没想那么多""上级对苗寨的保护力度不够，没有资金方面的帮助，我们很难控制，还有我村的饮水问题，没有得到解决，游客多，我村饮水不够""有几个景区，政府承包（但）没（能）拉动地方经济，游客很少""让农民的土地不能种植农作物，提高人们生活的成本""百姓也不清楚，规划结果不清楚，规划进度不明确""规模不大，知名度不高""强制占用土地，很多人都反对，但本人支持""垃圾变多了""种出的产品没有人来销售，完全靠零卖""保护维修不跟进，开发商只进不出""修台阶不方便原有村民上山""旅游收入没有用于本村建设""旅游开发很多，但公司不讲信誉，欺骗行为""对村民没有好处，不让搞建设，不能摆摊子""旅游开发不全面，当地就业不好，环境卫生难以改善""旅游收入分配极不合理""交通不便，发展比较困难，仅靠旅游局，支持力度还是相对不足""有很多需要帮助的没能得到帮助""本村发展的工资太低，我选择外出打工""在本村搞旅游我们很支持，但是我们村民现在没有受益，这是不合理的地方"
乡村旅游（扶贫）参与现状与参与计划	（1）参与现状："缺少资金""缺少经验""本人对旅游开发不是十分的有经验""不知道怎么做事来赚钱""从事旅游，缺少经验，缺少能人带动""一部分先得到好处，一部分由于交通不便，位置偏，希望能被统一规划""边发展边看""离景区较远，摊位不够不能就业""现在旅游没有搞好，家家户户没有什么收入。门票经济比较严重"。 （2）参与计划："依靠猕猴桃种植、观光、采摘搞农家乐，回家经营旅游""未来打算在家做旅游相关的小生意""大力发展旅游，发展农业种植，烟叶、药材""希望开宾馆、农家乐，已经去长沙参加过旅游相关培训""主要靠上面的人来带，我年纪大了，没有什么想法""希望子女回家从事旅游""文化程度低，没想法""希望借助旅游开发搞参观农家乐""希望能搞好旅游，但是我也不知道该怎么做"

续表

类型	代表性语句
乡村旅游（扶贫）提升途径	(1) 发展主体："国家对本村进行旅游开发""有开发农家乐的想法，但没有能力，需要引进有资金、有技术的老板""听从多数人的意见""建议乡村旅游本地开发，做好群众思想沟通，为民着想，以村里老百姓着想，群众利益放在第一位""应该放权，让村（组织）发展旅游业""加强村民参与，村民的心声应当考虑""多开会，多和民众沟通，多培训"。 (2) 发展途径："提供做小生意的路子""希望政府可以帮村民修复破屋，得到财政支持""让每家每户都参与进来，都能分到钱，入股份也可以""增加基础设施建设""恢复古建筑（围墙仓库）""还要培训村民表演唱苗歌、敲鼓等，让游客来了有节目可看""可以种一些果树，供游客采摘""农产品打造知名品牌""希望政府（加强）猕猴桃病虫治理""把农家的农产品让开发商去销售，而不是自己去出售""要想带动，搞一日游或二日游，时间延长""希望重新开发舞狮、划船""现在观光游客，以后争取度假延长时间，没有表演，停留时间太短""①开发旅游必须要对村民有利，年底分红；②摊位应该平分，根据劳动能力来分，靠抽签""利用民族风俗这个很好的资源，把这里的民族精神发扬、弘扬，这里的居民也受益"

资料来源：与农户（包括村干部）的访谈记录。

5.4 小结与讨论

根据需求—激励理论，农户需要、贫困户需要是乡村旅游扶贫工作的起点，农户参与、农户受益是乡村旅游扶贫的目标和检验标准。立足主体需要设计相关支持政策，可激发各类主体尤其是农民主体参与乡村旅游扶贫的积极性，产生乡村旅游扶贫所需要实现的行为。基于典型县市凤凰的农户调研，可以管中窥豹得出乡村旅游扶贫的相关启示：

第一，乡村旅游扶贫需要嵌入当地社会网络。乡村旅游扶贫涉及原住民、外来者、政府等多元主体，与标准化的工业化生产行为不同，乡村旅游扶贫所依托的风土人情、田园风光等核心吸引物，均有赖于特定的人地关系地域系统、内嵌于异质化的乡土社会，需要乡村居民去维护、营造，最终才能形成有效供给、吸引有效需求。为此，乡村旅游扶贫需要切实挖掘乡景、乡情、乡土、乡俗等特色资源，加大乡村主体的参与范围与参与程度，最终增加乡村旅游的供应来源、形成特色的乡村旅游竞争力、吸纳更多的乡村旅游消费群体，方可提高乡村旅游扶贫的可持续性与带动效果。

第二，乡村旅游扶贫需要处理好多组关系。乡村旅游扶贫涉及主体、领域、利益等众多方面，颇为复杂，尤其需要重点处理好以下关系：（1）外生发展与内生发展的关系。贫困地区之所以贫困，除了区位、基础等因素外，也与本地居民自身的发展能力较为薄弱有着较大关联。为此，乡村旅游扶贫需要切实加大外来生产要素的引入力度，引入宝贵的企业家、资本、技能、市场等核心资源，同时，也需尊重乡村原住居民的主体作用与能动性，利用“公司+合作社+农户”等利益联结方式，带动原住民真正参与到乡村旅游扶贫开发事业中，既应景造景形成乡村旅游核心吸引物，也可以减少阻力，发挥纠偏作用，提高乡村旅游扶贫的可持续性。（2）点和面的关系。乡村旅游扶贫既是一个循序渐进的推进过程，需要做优做强点上示范，辐射带动周边地区有序发展，也是一个事关全局的总体工程，需要解决好点、线、面的关系，由点及线、以线带面形成有效分工，通过特色农产品销售、文旅项目开发、就业优先支持等途径助推全域旅游发展，方可达成整体合力并最终形成核心竞争力。（3）市场与政府的关系。乡村旅游扶贫开发需要发挥市场机制的基础地位，在扎实科学的可行性研究基础之上推进乡村旅游扶贫工作，同时也需要发挥政府的调控作用，通过规划引导、教育培训、转移支付、资源保护等手段，减少乡村旅游扶贫“一窝蜂”“提高人们生活成本”“开发商只进不出”“环境恶化”等不良现象，降低乡村旅游扶贫项目风险，切实提升农户的获得感、满意度和幸福感。

第6章 基于网络评论的民族地区县域全域旅游发展研究[①]

本章基于在线旅游平台上关于湖南省凤凰县的30668条游客评论数据，利用内容分析和扎根理论相结合的分析方法，从游客视角和市场需求角度出发，构建了县域全域旅游发展模型。研究认为：旅游以及涉旅各部门齐抓共管是民族地区县域全域旅游发展的前提，旅游从业人员和全域居民共同参与是民族地区县域全域旅游发展的关键，开发旅游吸引物和丰富旅游活动是民族地区县域全域旅游发展的重点，实现全过程旅游和全时空旅游是民族地区县域全域旅游发展的目标，同时从全部门参与、全员受益、全产业链提升、全时空服务等方面为民族地区县域全域旅游发展提出了政策建议。

6.1 引言

全域旅游是指在一定区域内，以旅游业为优势产业，通过对区域内经济社会资源进行全方位、系统化的优化提升，实现区域资源有机整合、产业融合发展、社会共建共享，以旅游业带动当地经济社会协调发展的一种新的发展理念和模式，于2016年全国旅游工作会议上被正式提出。全域旅

① 本部分内容曾公开发表，详见何琼峰，宋世通．基于网络评论的民族地区县域全域旅游发展研究——以湖南省凤凰县为例［J］．中国旅游评论，2018（4），有修改。

游概念一经提出，就得到了社会的普遍认同和广泛响应并不断上升为国家战略。2016 年 7 月，习近平总书记在宁夏视察时指出，“发展全域旅游，路子是对的，要坚持走下去”①。李克强总理在 2017 年的政府工作报告中提出，“大力发展全域旅游”。“全域旅游”被写入政府工作报告，并成为 2017 年政府工作报告 12 个新词之一。2018 年，国务院办公厅印发《关于促进全域旅游发展的指导意见》，就加快推动旅游业转型升级、提质增效，全面优化旅游发展环境，走全域旅游发展的新路子做出部署。可以说，全域旅游的提出，既不是个别学者的研究成果所致，也不是行政力量的推动结果，而是来自深厚的市场基础、现实基础和实践基础沉淀。

当前，全域旅游已经成为地方推进旅游业乃至经济社会发展的重要抓手。《全域旅游发展报告 2017》显示，国家旅游主管部门共批准了两批 500 个国家全域旅游示范区创建单位，覆盖我国 31 个省区市及新疆生产建设兵团，主要集中在东部沿海地区、中部地区和西部的四川、云南、新疆等地区。系国家旅游向发布的《全域旅游发展报告 2017》数据显示，2016 年，500 家国家全域旅游示范区创建单位共接待中外游客 18 亿人次，约占全国旅游人数的 40.5%，同比增长 20%，旅游总收入 1.76 万亿元，同比增长 21%。② 全域旅游投资逆势增长，成为社会投资的热点领域。我国学术界对于全域旅游的内涵及其发展阶段、理念与模式、逻辑与重点、理性思考、发展回顾与展望，以及在全域旅游背景下健康养生旅游、养老旅游、滨海旅游、生态旅游、农业旅游、旅游小镇、旅游度假区、旅游廊道和旅游公共服务等方面开展了丰富的研究（杨振之，2016；何建民，2016；厉新建等，2016；马海鹰、吴宁，2016；张辉、岳燕祥，2016；赵黎光、刘明菊，2018；宋瑞，2018）。

县域经济是国民经济的基本单元，是发展经济、保障民生、维护稳定的重要基础，也是统筹区域经济社会发展最直接、最有效的载体。我国少数民族县域大多拥有丰富的人文和自然旅游资源，全域旅游跳出了传统旅

---

① 《盘点 2016 年宁夏旅游发展十大亮点》，中国网，http://www.china.com.cn/travel/txt/2016-12/31/content_40017579.htm，2016 年 12 月 31 日。

② 原国家旅游局规划财务司：《全域旅游发展报告 2017》，http://www.ce.cn/culture/gd/201804/24/t20180424_28927523.shtml，2018 年 4 月 24 日。

游的范畴，将一个区域整体作为功能完整的旅游目的地来建设，是一种带动和促进经济社会协调发展的新理念、新模式，为县域经济发展打开了全新的突破口。现阶段，县域全域旅游实践方面也取得了丰富的经验并创新了模式，例如，阳朔实行“全域生态+高新业态”全域旅游创建模式，丽水以“两山”理论统领全域旅游建设，都江堰以创建国际旅游名城为导向发展全域旅游，长白山以“统筹融合发展，加快转型升级”创建全域旅游示范区，醴陵推行“瓷文化主题旅游目的地”创建模式，等等。但多数少数民族地区县域存在旅游规划不完善、生态环境脆弱、旅游基础设施不健全和旅游营销不足等问题，全域旅游开发与市场需求之间仍有很多不充分、不平衡的矛盾（宋瑞，2018；刘玉春、贾璐璐，2015；葛继宏，2017；厉新建等，2018；童广路、刘庆广，2018；王佳果等，2018）。

本章以少数民族地区湖南省凤凰县为研究案例，采用内容分析和扎根理论相结合的研究方法，通过对网络评论的分析，从游客视角和市场需求角度出发，构建少数民族县域全域旅游发展模型，以期深入探究我国少数民族县域全域旅游发展路径，为少数民族县域全域旅游发展的整体规划、资源整合、产业融合和旅游活动开发等方面提供借鉴和参考。

6.2 数据来源和研究方法

6.2.1 数据来源

网络文本具有真实性、有效性、多样性和广泛性的特征，具有问卷调查采集数据所无法比拟的优势（滕茜等，2015）。通过分析网络评论，能够从游客需求的角度，探讨游客对于全域旅游发展的诉求。因此，本章研究以“凤凰”作为关键词，在携程、马蜂窝、百度旅游和去哪儿网四大旅游网络平台搜索（收集时间截至2018年10月），借用“八爪鱼软件”获取网络评论，其中马蜂窝15038条信息、携程10612条信息、百度旅游3433条信息和去哪儿网1585条信息，共计30668条信息。

6.2.2 研究方法

内容分析法是一种将不系统的、定性的符号内容，如文字、图像等转化为系统的、定量的数据资料的研究方法（张文亭、骆培聪，2017）。本章研究采用内容分析法，通过 ROST CM6 软件对游客网络评论进行词频和语义网络分析。扎根理论是一种质性的研究方法，研究者通过开放性编码、主轴编码和选择性编码对原始资料进行反复的拆分、对比、提炼和归纳，从而自下而上地构建相关理论（见图 6－1），其中编码是指通过对事件之间和事件与概念的不断比较，从而促成范畴、特征的形成及对数据的概念化（何琼峰，2014）。因此，本章研究采用定量和定性相结合的研究方法，系统探讨和分析少数民族县域全域旅游发展模型（滕茜等，2015；张文亭、骆培聪，2017；何琼峰，2014；王永明等，2015）。

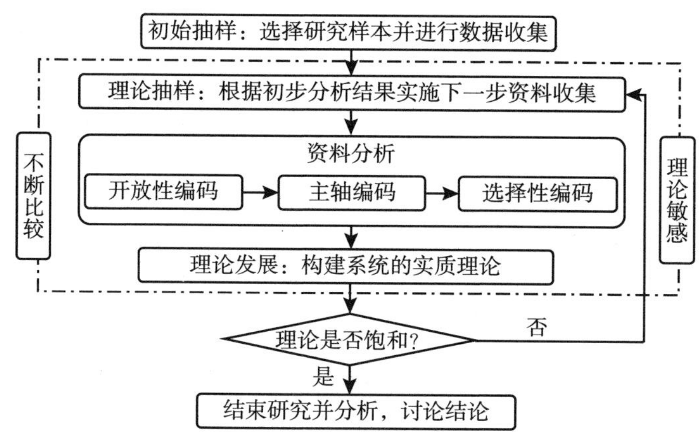

图 6－1　扎根理论研究方法框架

6.3 全域旅游发展的主要游客评价

6.3.1 词频分析

本章研究首先将所有网络评论汇总到“. txt”格式的文本文档中，然后通过 ROST CM6 软件对文本文档进行词频和语义网络分析，在保留与研究相关的人名、地名、景点名词、活动名称、情绪表达等名词，剔除数量词、副词、连词以及其他虚词后，最终提取出了 50 个关于凤凰县旅游网络评价的高频词汇（见表 6－1）。从排名前 50 位的词语来看，排名靠前的“凤凰”“古城”和“凤凰古城”反映出游客对凤凰县的旅游认知主要集中在凤凰古城。大部分游客重点关注以“沱江”“吊脚楼”“虹桥”为主的自然景观，以及以“沈从文故居”“苗族”“苗寨”为主的人文类景观，缺少对于社会旅游资源的关注。其余高频词汇反映了游客在餐饮、住宿、购物、娱乐、游览等方面的旅游活动。本章研究还按年度分别整理了近十年凤凰县旅游的网络评论高频词，从中发现，近年来凤凰县旅游评论的高频词变化较小，旅游总体体验和感受较稳定。

表 6－1　　凤凰县旅游网络评论高频词汇（前 50 名）

排序	高频词	频次	排序	高频词	频次
1	凤凰	11674	19	酒吧	1634
2	古城	9445	20	江边	1534
3	沱江	7667	21	漂亮	1409
4	凤凰古城	4452	22	当地	1395
5	地方	3789	23	古镇	1340
6	吊脚楼	3056	24	历史	1252
7	特色	2757	25	苗族	1217
8	晚上	2569	26	城楼	1215
9	虹桥	2357	27	边城	1214
10	景点	2335	28	味道	1167
11	沈从文	2303	29	苗寨	1153
12	夜景	2228	30	美丽	1140
13	风景	1951	31	美食	1138
14	建筑	1918	32	文化	1130
15	门票	1789	33	拍照	1119
16	湘西	1765	34	泛舟	1082
17	故居	1763	35	柴火	1073
18	景色	1703	36	两岸	1037

续表

排序	高频词	频次	排序	高频词	频次
37	商业化	1030	44	江水	781
38	游客	1016	45	旅游	719
39	感受	995	46	游记	718
40	景区	963	47	建议	711
41	客栈	949	48	饭菜	663
42	白天	906	49	导游	602
43	好吃	851	50	张家界	537

6.3.2 语义网络分析

在凤凰县旅游网络评论的语义网络中（见图6－2），核心圈由“凤凰”“古城”“凤凰古城”“沱江”“虹桥”和“吊脚楼”构成，其共同作用构成了游客对于凤凰县旅游品牌形象和主要旅游吸引物的认知；次核心圈由“湘西”“特色”“建筑”“夜景”和“江边”等组成，在核心圈的基础上进一步突出了凤凰县的旅游吸引物；外围圈主要包括餐饮、住宿、购

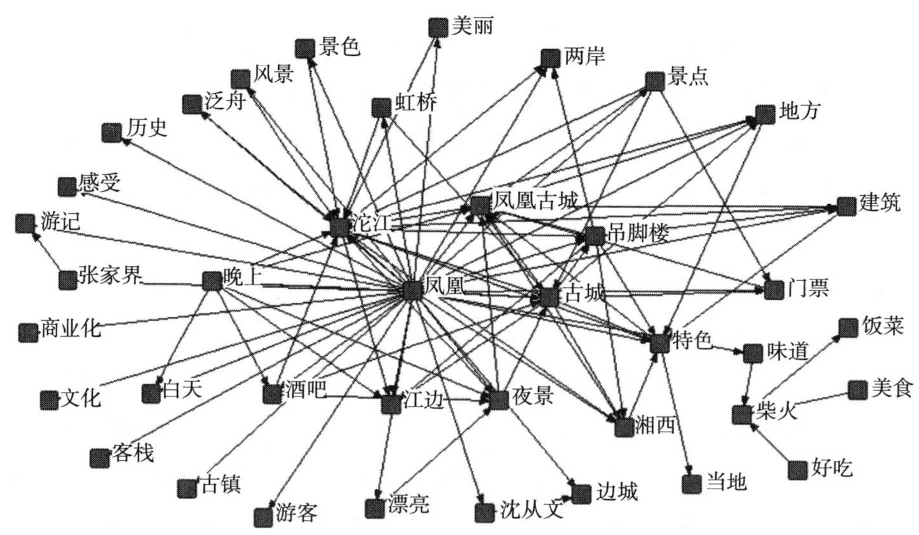

图6－2　凤凰县旅游网络评论网络语义图

物、娱乐、文化体验等旅游活动，进一步展示了游客在凤凰县所进行的旅游活动，为凤凰县县域全域旅游开发提供了指导。

6.3.3 游客评价的主要维度

根据近十年游客对凤凰县旅游发展的主要评论意见，发现游客在网络上非常重视旅游目的地和旅游产品所带来的安静、特色、热闹、美丽等体验和感受，游客评价主要集中在以下几个方面：一是游客高度关注核心旅游资源，凤凰县旅游的网络评价仍主要集中在凤凰古城、沱江、苗寨及其他景区，对天后宫、城隍庙、凤凰城、东门城楼、虹桥这几个景点的关注度最高，对凤凰古城夜游项目的评价也较多。二是游客尤为关注历史文化资源，在欣赏凤凰古城美丽的自然风光的同时，对沈从文、黄永玉等历史名人和苗族民风文化资源保持高的关注度。三是基础设施和配套服务不可或缺，从关注度上也可以看出凤凰古城的基础设施基本比较完善，游客对特色酒吧、客栈和美食等方面的评价非常集中。四是交通、门票、旅行社等的便利性和规范备受游客重视，尤其是在2014~2016年，随着凤凰门票制度的改革，门票和商业化等一度成为排名前20位的年度热词。五是大湘西旅游圈的整体关注度较高，包括张家界、怀化、吉首也成为凤凰古城游客评价的高频词。

6.4 少数民族县域全域旅游发展模型构建

6.4.1 概念化与初步范畴化（开放性编码阶段）

开放性编码是对收集到的原始资料进行分割、对比，以及重组的过程。通过对资料进行逐字或逐句的编码，从而对现象进行概念化与范畴化。本章研究始终围绕着“少数民族县域全域旅游发展”这一核心问题，不带任何个人预设与偏见。通过NVivo11.0软件对20000余条原始评论进行逐句编码，经过反复的对比分析，合并在意义上存在重复或者交叠的初始概念，共形成408个初始概念。在对初始概念进行整理、分析和提炼的基础上，最终形成45个范畴（见表6－2），分别是整体规划、市场监管、文物保护、环境治理、配套设施、游客规模、景区门票、物价水平、景区商业化、营业时间、商品价格、行程安排、讲解服务、景区拍照、服务态度、服务质量、日常生活、环境保护、行为规范、居民态度、自然吸引物、人文吸引物、社会吸引物、特色美食、酒店住宿、出行方式、游览方式、景区购物、景区特产、文艺演出、篝火晚会、节庆活动、摄影活动、休闲度假、养生旅游、研学旅行、探险旅游、品牌形象、旅游信息、旅游攻略、旅游体验、重游意愿、活动推荐、全天旅游和四季旅游。

6.4.2 主范畴的发掘（选择性编码阶段）

主轴式编码是在开放性编码的基础上，通过对开放性编码所得的初步范畴进行比较，发现不同范畴之间的联系，并对其加以合并和类聚，从而形成宏观层面上新的范畴。本章研究通过不断比较“少数民族县域全域旅游发展”的45个初始范畴的属性，按照不同范畴之间的相互关系和逻辑次序，对其进行归类，最终形成旅游以及涉旅部门、旅游从业人员、当地普通居民、旅游吸引物、旅游活动、全过程旅游和全时空旅游7个主范畴（见表6－2）。

选择性编码是在前两级编码的基础上，识别出核心范畴，然后把核心范畴和其他范畴系统性地整合在一起，并以“故事线”形式描绘出整体研究内容。本章研究通过对旅游以及涉旅部门、旅游从业人员、当地普通居民、旅游吸引物、旅游活动、全过程旅游和全时空旅游7个主范畴进行系统性分析、整合的基础上，提炼出“少数民族县域全域旅游发展”这一核心范畴，构建少数民族县域全域旅游发展模型。经过对事先预留的10000余条原始评论进行同一流程的编码分析，本章研究发现相关范畴已经相当丰富，没有形成新的重要范畴和关系，且其核心范畴反复出现，已达到理论饱和，最终形成少数民族县域全域旅游发展模型（见图6－3）。

表6-2 概念化和范畴化举例分析

定义现象	概念化	开放性编码	主轴编码及其内涵
可以去凤凰古城周边苗族的领域…… 三王庙进去就有人让你烧香…… 虹桥是中国式廊桥，希望能好好保护…… 沱江江水清澈见底，能看见好多漂亮…… 南方长城景区配套实施不太齐全…… 许多游客在沱江跳岩上面走来走去…… 杨家祠堂可以免费参观，还可以看戏…… 不过这里的临江客栈价格普遍便宜…… 风景还是不错的，就是有点商业化…… …… 白天沱江水在阳光下显出青山绿水。 陈氏宅院漂亮的月亮门上装饰着…… 穿着苗族服饰的阿婆背着背篓走…… …… （计2000余条原始评论）	周边：凤凰…… 烧香：天后宫…… 保护：虹桥…… 水质：沱江…… 配套设施：…… 游客：…… 门票：…… 价格：…… 商业化：…… …… 景色：青山…… 建筑：建筑…… 苗族：…… …… （计408个范畴）	（1）整体规划 （2）市场监管 （3）文物保护 （4）环境治理 （5）配套设施 （6）游客规模 （7）景区门票 （8）物价水平 （9）景区商业化 …… （21）自然吸引物 （22）人文吸引物 （23）社会吸引物 …… （计45个范畴）	（1）旅游以及涉旅部门（从开放性编码1～9中提取），其内涵是：旅游以及涉旅部门应做好整体规划、市场监管、文物保护、环境治理、配套设施，以及控制游客规模、景区门票、物价水平和景区商业化。 （2）旅游从业人员…… （3）当地普通居民…… （4）旅游吸引物（从开放性编码1～9中提取），其内涵是：重视自然、人文以及社会旅游吸引物的开发。 （5）旅游活动。 （6）全过程旅游。 （7）全时空旅游 （计7个主范畴）

6.4.3 模型阐释

本章研究所构建的少数民族县域全域旅游发展模型，主要内涵包括以下几个方面，一是旅游以及涉旅各部门齐抓共管是少数民族县域全域旅游发展的前提，包括科学地制定县域旅游整体规划、完善配套设施、加强市场监管、实施文物保护、重视环境治理、控制游客规模、降低景区门票、调控物价水平和避免景区过度商业化。二是旅游从业人员和全域居民共同参与是少数民族县域全域旅游发展的关键，一方面，旅游从业人员要积极融入其中，规范营业时间、制定合理的商品价格、科学地规划游客行程安

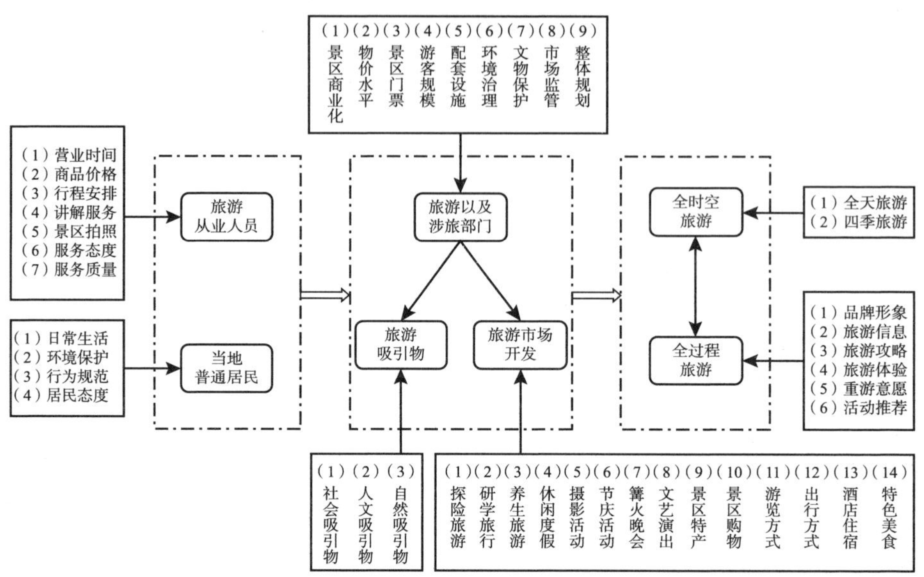

图6－3　少数民族县域全域旅游发展模型

排、提高景区讲解服务水平、规范景区为游客拍照行为、注重服务态度和提升服务质量；另一方面，全域居民共同参与，保持日常生活、加强环境保护、注重行为规范和给予游客友好态度。三是开发旅游吸引物和丰富旅游活动是少数民族县域全域旅游发展的重点，需要充分将目的地全部的自然、人文和社会吸引物转变成为旅游吸引物；从特色美食、酒店住宿、出行方式、游览方式、景区购物、景区特产、文艺演出、篝火晚会、节庆活动、摄影活动、休闲度假、养生旅游、研学旅行、探险旅游等各方面丰富旅游活动。四是实现全过程旅游和全时空旅游是少数民族县域全域旅游发展的目标，通过提升景区品牌形象、提供详细的旅游信息、完善旅游攻略、重视游客旅游体验、提高游客重游意愿以及推荐意愿等方式，重视对全域旅游资源的开发，从而全面地满足游客全过程、全天候以及全季节的旅游体验需求。

6.5 小结与讨论

6.5.1 小结

全域旅游是以旅游业带动和促进经济社会全面发展的全新模式，目前各地都在结合当地旅游业发展实际，积极探索和创造推动全域旅游建设的新路径和新方法。全域旅游作为旅游发展的前沿理念和发展目标，面临地方发展战略更改、部门协作和利益妥协乃至更深层次的治理体制和法律体系变革等一系列体制机制问题。在很多县级政府和旅游行政部门，全域旅游的实践仍然不够成熟、缺乏经验，较少提及旅游业对整个社会经济和区域的引领与带动。本案例充分证实了全域旅游既在美丽风景里，也在美好生活中，当前全域旅游产业实践与游客的现实需求之间仍有较大差距，全域旅游产业发展和理论研究主要集中在供给侧，更多从供给角度出发强调不断完善各项旅游基础设施、配套服务、文化底蕴等，游客更多地追求的是体验感和舒适性。县域经济是我国国民经济发展的重要单元，紧紧抓住文化和旅游融合发展的时代特征，从市场需求和居民参与角度出发，根据本地实际情况贯彻落实好全域旅游发展的国家战略和发展理念，在全域旅游思维下寻求县域经济发展的路径和模式、提升全域旅游的综合影响。

6.5.2 建议

根据本章研究所构建的少数民族县域全域旅游发展模型，针对当前凤凰县全域旅游发展的实际情况，提出以下建议：一是加大体制机制创新，按照党政统筹、规划先行、问题导向原则，涉旅各部门应该共同参与全域旅游开发建设和共同营销，加大旅游发展在人、财、物方面的投入，全力抓好旅游基础设施、文化保护、环境整治、行业监管等工作。二是高度重视全域居民的广泛参与，全域旅游既要让建设方、管理方参与其中，更需要广大游客、居民共同参与，通过旅游发展成果为全民共享，让全域旅游带来的生活质量的改善和幸福感的提升惠及广大旅游从业人员和普通居民。三是用“旅游+”的理念融合三大产业，集中县域优势旅游资源，重点突出少数民族文化内涵，开发温泉养生旅游、民族文化研学旅游、山谷探险旅游和休闲度假旅游等方面的旅游产品，依托现有的旅游资源和文化底蕴打造完整旅游产业链，充分提升和带动全县方位内第一、第二、第三产业的有效联结。四是从游客旅游全程着手，实现旅游全程的全域风景化、全域旅游化，将当地丰富的旅游吸引物充分地转化为旅游资源，达到不论是旺季淡季，或是白天夜晚，时刻能够为游客提供全时空服务的水平。

第7章 旅游精准扶贫助推贫困地区乡村振兴的思考[①]

贫困地区精准脱贫是乡村振兴的重点、难点和优先任务，旅游扶贫已经成为我国贫困地区乡村振兴的重要方式。推动旅游精准扶贫与乡村振兴的有机衔接，是实现贫困地区乡村振兴的有效途径。本章立足文献述评、调研认知与研究思考，探讨旅游精准扶贫在贫困地区乡村振兴中的主要作用、现实问题和推进途径。研究表明，旅游精准扶贫可以促进贫困地区乡村振兴已成为各方共识，同时也面临利益分配机制不合理、内生增长乏力、生态环境制约等诸多挑战，乡村旅游扶贫需精准识别发展乡村旅游所具备的资源、区位、市场等条件和可行性，将乡村振兴战略的思想和原则融入具体的旅游精准扶贫计划与行动之中。具体需要准确把握好适宜区域、实施主体、主导产业、资金来源和保障机制，创新乡村旅游扶贫的商业模式、聚合乡村旅游扶贫的智力资源、夯实乡村旅游扶贫的文化底蕴、坚守乡村旅游扶贫的绿色发展底线、优化乡村旅游扶贫管理和组织机制，进而从产业振兴、人才振兴、文化振兴、生态振兴和组织振兴五个方面全方位精准有效地助推乡村振兴。

7.1 引言

党的十九大报告正式提出实施乡村振兴战略，要求坚持农业农村优先

① 本部分内容曾公开发表，详见何琼峰，宁志中．旅游精准扶贫助推贫困地区乡村振兴的思考［J］. 农业现代化研究，2019（4），有修改。

发展，按照“产业兴旺、生态宜居、乡风文明、治理有效、生活富裕”的总体要求，加快推进农业农村现代化。乡村振兴战略是一项长期的历史性任务，在经济增长减贫效应下降、深度贫困地区脱贫攻坚任务艰巨的背景下，立足贫困地区资源禀赋、贫困特征与发展需求，因地制宜实施精准帮扶，是促进脱贫攻坚与乡村振兴有机衔接、实现贫困地区乡村振兴发展的重要前提（汪三贵、郭子豪，2015；刘彦随等，2016；刘彦随，2018；魏后凯，2018）。中国地域广阔，各地经济发展水平不一，乡村振兴的逻辑起点与适宜路径均存在显著差别，其中贫困地区的脱贫攻坚与乡村振兴任务尤为艰巨，必须选择具有持续增长性、综合带动力、城乡协同性和广泛包容性的产业作为支撑（朱磊等，2016；郝冰冰等，2017；李志龙，2018；陈秧分、刘玉和李裕瑞，2019）。文化和旅游部相关数据显示，2017 年全国乡村旅游达 25 亿人次，同比增长 16%，旅游消费规模超过 1.4 万亿元，同比增长 27.3%①；全国通过乡村旅游实现脱贫人数占脱贫总人数的 17.5%②，旅游已成为我国农民就业增收、农村经济发展、贫困人口脱贫的中坚力量。“看得见山，望得见水，留得住乡愁”，贫困地区乡土气息更为浓厚，旅游资源相对更为丰富，有机衔接脱贫攻坚与乡村振兴的目标任务和政策措施，充分发挥乡村旅游精准扶贫的综合带动效益，对于贫困地区脱贫致富和乡村振兴具有重要意义。

自 2013 年中国实施精准扶贫战略以来，我国旅游精准扶贫相关成果数量逐年增加，研究内容和主题不断变化并逐步深入。已有研究围绕旅游精准扶贫的内涵和格局（李喜梅，2017）、路径模式（朱宝莉、刘晓鹰，2018；桂拉旦、唐唯，2016；陶恒，2018）、机理机制（李小民、郭英之和张秦，2017；何琼峰、宁志中；2019；苏小燕，2017）等方面开展了深入研究。

乡村振兴战略具有复杂性、系统性和长期性的特征，需要对规划设计、农业生产、城乡关系、要素流动和市场改革等多方面通盘考虑（曾福

① 《2017 我国乡村旅游 25 亿人次　旅游消费超 1.4 万亿》，中国网，https：//baijiahao.baidu.com/s？id＝1615347498260292093&wfr＝spider&for＝pc，2018 年 10 月 26 日。

② 《乡村旅游已成为脱贫的主战场和中坚力量》，央广网，https：//baijiahao.baidu.com/s？id＝1611574632749260104&wfr＝spider&for＝pc，2018 年 9 月 14 日。

生、卓乐，2018；黄细嘉、赵晓迪，2018)，不同地区也应根据自身资源禀赋、发展阶段、区位条件等，探索形成各具特色的乡村振兴道路和模式（杨娟等，2019)。有学者强调旅游扶贫等开发应实现人与自然的和谐、经济社会与生态环境的和谐（刘建平、樊亚东和李湘湘，2018)；有学者从乡村振兴战略视角研究了乡村旅游产业的优化升级问题，认为乡村振兴战略视野下，乡村旅游产业的发展更应注重与其他产业的有机融合和生态宜居环境的建设（董菁、毛艳飞和张良，2018)；有学者侧重于乡村旅游开发中乡村文化生态建设的研究（钟小东、赵影，2019)，从文化的视角提出乡村振兴中的旅游乡村建设与包容性发展，倡导把乡村民宿、共享农庄、特色庄园、田园综合体等作为建设重点（舒伯阳、刘玲，2018)；也有学者指出，在精准扶贫的路径中，乡村旅游作为一种新型产业形态，要高度重视乡村旅游创新创业热潮，发挥农村贫困人口旅游开发的自主性和能动性，更加有效地推进精准扶贫工作实现真脱贫、全脱贫（徐虹、王彩彩，2018)。从既有研究成果和不同视角的讨论看，旅游精准扶贫可以促进乡村产业发展、贫困人口就业增收，以及实现乡村社会、文化、生活和生态全面提升等方面已经达成了初步共识，同时一定程度上存在着贫困人口融入不够、旅游产品缺乏吸引力、转型升级存在困难、旅游扶贫经济基础较差、旅游扶贫链接机制不够完善等问题（安传艳等，2018；王超、罗兰，2018)，加之现阶段全国扶贫攻坚的任务需求更为复杂、内涵更为丰富（陈升、唐云和何增华，2018)，对照乡村振兴战略的系统目标和具体要求，叠加各种新形势、新政策，旅游精准扶贫的长效机制仍亟待深入。因此，本章研究立足旅游精准扶贫的适宜区域、实施主体、产业融合、资金来源、保障机制等亟须解决的重点问题，将乡村振兴战略的思想和原则融入旅游精准扶贫具体计划和行动之中，旨在以旅游精准扶贫为抓手，推进贫困地区乡村产业、人才、文化、生态和组织等全方位振兴，以期为我国乡村全面振兴理论研究与实践提供有益借鉴。

7.2 旅游精准扶贫可以促进贫困地区乡村振兴

7.2.1 旅游有助于减贫和可持续发展已成为国际共识

2018年9月，中国旅游研究院和世界旅游联盟共同发布了《世界旅游发展报告2018——旅游促进减贫的全球进程与时代诉求》，基于历史总结，指出贫困地区旅游业对经济社会发展已由辅助角色转变为关键力量。早在20世纪50~60年代，随着欧美发达国家进入大众旅游时代，旅游发展日益影响目的地经济社会的发展。20世纪70~80年代，旅游就业面广、就业层次多等减贫优势更加突出。20世纪90年代以来，随着旅游业的快速发展，旅游减贫得到各国政府、国际组织、非政府组织的重视。1999年世界旅游组织在《全球旅游伦理规范》中明确指出，乡村旅游可以帮助当地人民平等分享旅游业为当地经济、社会和文化所带来的利益。2015年，原国家旅游局相关文件系统阐述了“实施旅游扶贫、助力全面小康”，指出旅游扶贫具有市场化、造血式、受益广、物质和精神“双扶贫”、有利于相互尊重、促进和谐、促进国际交流等显著优势。2017年，世界旅游联盟成立大会明确将“旅游促进减贫”列为其三大目标之一，旅游对减贫和可持续发展的贡献已得到国际公认。

7.2.2 乡村旅游是贫困地区脱贫攻坚的优势产业

贫困地区在产业基础、区位条件、资金与技术等方面处于明显劣势地位，但从现代休闲旅游产业发展来看，贫困地区“老、少、边”致贫原因背后，其老区红色文化、少数民族文化、边区地理地貌与生态环境等独特资源，恰恰是旅游发展的优势条件。当前，山清水秀的乡村生态环境越来越成为稀缺资源，贫困地区旅游业发展具有源源不断的强大市场动力支撑（戴斌，2018），旅游扶贫破解“美丽贫困”也有丰富的产业实践和成功模式。

中国旅游集团在贵州黎平和云南香格里拉、德钦、西盟、孟连两省五县贫困地区定点扶贫中，以特色景区项目支撑、扶贫产业同步发展、旅游营销先行等旅游扶贫思路，充分挖掘贫困地区自然环境和民族文化等独特资源，将旅游扶贫打造成为贫困群众能增收、可脱贫的富民产业（中国旅游集团，2018）。事实证明，乡村旅游作为拓展农民就业增收渠道、提高村民素质、振兴乡村经济的重点产业，正成为我国实现扶贫攻坚和乡村振兴的重要手段。

7.2.3 我国乡村旅游的扶贫脱贫效应日益显著

党的十八大以来，旅游扶贫正以其强大的市场优势、新兴的产业活力、强劲的造血功能和巨大的带动作用，在我国扶贫开发中发挥着日益显著的作用。例如，湘西自治州十八洞村，因地制宜发展特色养殖、特色种植、苗绣加工、特色乡村游、劳务输出五大支柱产业，通过发展乡村旅游等途径成功实现了脱贫致富（张红艳，2018）。根据国家乡村旅游扶贫工程监测中心相关数据，2018 年 101 个扶贫监测点中，通过乡村旅游脱贫人数为 4796 人，占脱贫人数的 30% 以上，监测点贫困人口人均增收 1123 元。[①] 旅游扶贫不仅能为贫困地区农民提供创业、就业和增收机会，提升农民的精神素养、职业技能、文化自信心和乡土自豪感，改善贫困地区交通、教育、医疗、卫生等公共服务水平，还有利地促进了城乡要素流动、农业生产转型、农村商品流通，提升了贫困地区农民在生产、生活、生态等组织管理的现代化水平，符合国家乡村振兴战略导向。

7.2.4 旅游精准扶贫可进一步巩固提升扶贫效果

旅游精准扶贫是精准扶贫在乡村旅游领域的具体实践。精准扶贫的核心是针对不同区域、不同贫困农户的实际状况，精准识别扶贫对象、精准

---

① 《我国重点扶贫监测点超 3 成脱贫人口依靠“乡村旅游”》，中国日报网，https：//baijiahao. baidu. com/s？ id = 1645157235640865627&wfr = spider&for = pc，2019 年 9 月 20 日。

选取帮扶措施、精准采取管理策略。作为一项国家政策，2014 年《国务院关于促进旅游业改革发展的若干意见》明确提出乡村旅游精准扶贫，要求“加强乡村旅游精准扶贫，扎实推进乡村旅游富民工程，带动贫困地区脱贫致富”。作为典型的“造血式”产业扶贫模式，旅游精准扶贫更加关注帮扶对象的准确性、旅游扶贫措施的指向性和针对性（杨正光、王智勇和张毅，2018）。在国家政策倡导以及旅游业的辐射带动效应下，全国多数地区的脱贫攻坚与乡村振兴均将乡村旅游以及休闲农业、田园综合体、特色小镇等相关产业作为核心产业。在此过程中，除了需要谨防传统扶贫项目可能存在的对象不清、针对性不强等问题外，还需关注乡村旅游发展可能带动的排他性、欠稳定性与不可持续性等风险，切实避免大规模资本进入乡村旅游领域给贫困乡村相对脆弱的人地关系带来新的冲击。为此，推进旅游精准扶贫，既是规避风险、提高乡村旅游扶贫项目可持续性的基础前提，也是巩固提升扶贫效果、促进乡村振兴发展的必然要求。

7.3 旅游精准扶贫助推乡村振兴需要解决好若干问题

旅游精准扶贫具有促进贫困地区乡村振兴的巨大潜力，真正通过旅游扶贫实现贫困地区乡村振兴，仍需克服贫困地区资金投入能力不足、居民参与能力不强、利益分配失衡、生态环境制约等诸多发展“瓶颈”，切实提高乡村旅游扶贫的精准性。

7.3.1 旅游精准扶贫的适宜区域

旅游精准扶贫首先需要回答哪里适宜，既避免各地旅游扶贫“一哄而上”带来的不稳定性和风险性，同时真正挖掘各地比较优势，探寻适宜的发展路径。在宏观尺度上，并非所有的贫困地区都拥有充足的旅游吸引物，旅游精准扶贫地区主要是指具备旅游开发基础、条件或潜力的区域，既包括国家和省市确定的贫困地区，还包括已经脱贫的欠发达地区。在中观尺度上，旅游精准扶贫需要考虑致贫原因、资源条件、发展基础、市场需求等外部环境的区域性差异，探寻适宜的地域扶贫开发路径。有研究表明，现有的国家级旅游扶贫试点村呈现较强的凝聚型空间分布特征，可划分为资源利用不足型、山地环境制约型、交通区位非优型、政策支持欠缺型等贫困类型（朱磊等，2016），相应地，旅游扶贫模式也需要更有针对性。在微观尺度上，旅游精准扶贫需要解决好点、线、面的关系，做强龙头景区景点，以线带面助推全域旅游发展，如贵州黎平打造区域旅游目的地，发挥了“旅游+”的产业联动效应，探索出了一条全域旅游驱动的扶贫模式（朱宝莉、刘晓鹰，2018）。

7.3.2 旅游精准扶贫的实施主体

旅游精准扶贫其次需要回答由谁来实施，提高扶贫对象的参与度、满意度和获得感。一方面，贫困地区之所以贫困，除了资源稀缺、发展基础差等外部因素外，居民思想观念、技术能力等是内在的核心制约因素。对于贫困地区绝大多数居民来说，旅游开发是新鲜事物，旅游参与意识和能力均较弱，迫切需要引入先进的管理经验与技术资本。另一方面，资本下乡主导旅游开发，固然可以带来宝贵的信息、管理、市场、资金等要素资源，但由于资本的逐利性，容易导致外来劳动力与资本对本地劳动力的替代，无法有效保障产业扶贫的益贫性。因此，旅游精准扶贫引入外来资本的同时，需要挖掘和培训贫困村人力资源、创新旅游与扶贫利益联结机制。为保障旅游扶贫的带动效果，贵州形成了“三变”（资源变资产、资金变股金、农民变股东）、“三带”（景区带村、能人带户、项目带人）、“三加”（合作社+农户、公司+农户、大数据+农户）旅游扶贫路径，推广了美丽乡村建设的“花茂路径”、民族文化创新的“西江模式”等旅游扶贫模式（王超、罗兰，2018；辛纪元、曹务坤和勾清芸，2015）。

7.3.3 旅游精准扶贫的产业融合

旅游精准扶贫不能就旅游谈旅游，需要更加开放的发展视野，厘清发展什么和如何发展等核心问题。在旅游产业选择上，需要根据本地资源禀赋、区位条件、发展基础、市场需求等内外部条件，因地制宜选择适宜的旅游扶贫项目，既要避免一哄而上、简单重复，也要避免“旅游飞地”“农民高攀不起”。在产业链构建上，需要改变单一的以旅游产业为主导的开发思路，推动旅游产业内部、旅游产业与涉旅产业之间的相互融合，因地制宜形成包括休闲农业、文化体验、特色民宿、手工制品等在内的广义旅游业，通过产业链的本地化，既可以实现产业间的互动增长，形成更多的产业链增值，同时也可以减少旅游漏损，将更多的产业链增值留给本村与本地居民。在产业发展模式上，需要进一步开拓思路，将数字经济、休闲经济、创新经济、绿色经济、包容性经济等发展理念与乡村旅游相结合，将特色种养殖、农副产品加工、农村电商等与乡村旅游融合发展，创新旅游产品业态和商业模式（徐虹、王彩彩，2018）。

7.3.4 旅游精准扶贫的资金来源

解决好资金从哪里来的问题，是乡村旅游扶贫的核心“瓶颈”所在。贫困地区大多位于偏远山区，交通、水利、通信、医疗、文教等基础设施与公共服务相对较差，项目资金投入需求较大，贫困地区自身资金规模与筹集能力偏弱。在国家加大精准扶贫投入的背景下，可以利用贫困县涉农资金整合试点机遇，结合居民意愿与当地实际，合理统筹财政专项资金，采取扶贫资金折算到贫困户入股等方式，配套解决旅游发展需要的道路、供水、供电、通信等基础设施投入问题，为贫困户的长期受益提供机制保障。由于财政投入规模有限，还需要各涉旅部门加强合作、协调，切实提高财政资金在乡村旅游等方面的支持效率，同时引入政府和社会资本合作（PPP）、低息贴息贷款等金融模式，协助解决旅游扶贫项目和农户旅游创业的资金“瓶颈”问题。

7.3.5 旅游精准扶贫的保障机制

处理好市场与政府失灵的问题，是实现乡村旅游精准管理的重要任务。对于市场失灵，贫困地区的旅游资源大多具有外部性，开发过程中需要建立有效的合作与补偿机制，不断探索和优化旅游开发过程中的利益分配。以梯田旅游为例，梯田的种植区域与观景区域通常并不一致，种植区域的农民承担了生产经营的主要成本，观景区则通过门票、民宿等产品获取绝大部分收益，只有建立根据种植面积分红的补贴机制等，才可以保障旅游精准扶贫的商业可持续，兼顾公平与效率。对于政府失灵，旅游扶贫的考核机制需要做好整体性和益贫性之间的平衡，既保护和激发企业积极性，做大总的“蛋糕”，同时更加注重贫困人口利益。

7.4 旅游精准扶贫助推乡村振兴的重点任务

扶贫脱贫是贫困地区乡村振兴的基础，“脱贫攻坚，发展乡村旅游是一个重要渠道，要抓住乡村旅游兴起的时机，把资源变资产，实践好绿水青山就是金山银山的理念”①。在贫困地区旅游扶贫工作中，应按照乡村振兴战略的目标要求，综合分析本地区发展乡村旅游所具备的资源、区位、市场等条件和可行性，在深入调研和广泛听取意见、建议的基础上，将乡村振兴战略的思想和原则融入具体的旅游精准扶贫计划和行动之中，统筹旅游扶贫与乡村振兴之间的有机衔接，夯实乡村振兴的物质和制度基础，以旅游精准扶贫推进贫困地区乡村产业振兴、人才振兴、文化振兴、生态振兴和组织振兴。

7.4.1 创新乡村旅游扶贫的商业模式，优化产业振兴格局

“大众创业、万众创新”时代，乡村旅游扶贫和乡村振兴有待在创新中开拓新思路、发掘新价值。一是精准识别乡村旅游发展条件，要依据旅游产业发展必须具备的资源独特性、通达性、游客群体等影响因素，科学评估乡村旅游扶贫的可行性，系统评估旅游产业与农业、林业、民俗、体

① 《乡村旅游：贵州脱贫攻坚一支中坚力量》，新华网，http：//www.gz.xinhuanet.com/2020-09/20/c_1126515939.htm，2020年9月20日。

育等产业深度融合的市场效应，重点关注山水村寨、田园农耕等文化旅游和农业旅游融合类产品。二是要充分发挥市场主体在旅游减贫和乡村振兴中的作用，引导一批成熟的旅游企业到贫困地区投资开发，重点培育一批本地化的市场运营主体，鼓励企业以多种方式与贫困地区集体、农户进行合作，大力发展民宿客栈、艺术村落、休闲康养、农事体验等乡村旅游新业态。三是借助科技和数据力量提升旅游扶贫效果，依托大数据辅助做好乡村旅游市场调研、规划布局，增强应对市场需求变化的适应性和灵活性，同时鼓励旅游企业进行科技改造和升级，通过“互联网 +”“乡村旅游众创”等方式，支持旅游经营主体与科技企业开展广泛合作。

7.4.2 聚合乡村旅游扶贫的智力资源，强化人才振兴基础

重视人才队伍建设与教育培训工作，聚合乡村旅游发展的智力资源，可为乡村振兴提供持续的内生动力。一是充分激发和调动村民参与旅游的热情，在就业等方面，重视和提高乡村人口尤其是贫困人口的参与程度。二是加大乡村旅游技术培训，培养一批懂农业、懂旅游的新型农民，挖掘并发挥乡村工匠、文化能人、非遗传承人等农村各类实用人才和传统文化人才的作用。三是吸引城市精英、外出打工人员返乡创业，推广实施专业志愿者与挂职借调制度，广泛动员不同领域的专业人才下乡进村。四是大力支持旅游科技下乡，建立贫困地区旅游专家智库或专业团队，加大贫困地区旅游减贫政策和重点难点问题研究，为旅游扶贫基层单位和地区提供实用型技术、经营等方面的咨询服务和智力支持。

7.4.3 夯实乡村旅游扶贫的文化底蕴，力促乡村文化振兴

“文化是旅游的灵魂，旅游是文化的载体，文化和旅游融合发展是大势所趋、也大有可为。”① 当前，贫困地区旅游扶贫需要进一步提升乡土文

① 雒树刚：《文化和旅游融合发展让文化更富活力 旅游更富魅力》，新华网/中国政府网，https：//baijiahao. baidu. com/s? id = 1627430516471436674&wfr = spider&for = pc，2019 年 3 月 8 日。

化的产业功能，增强贫困地区乡村的文化自信，充分发挥旅游的服务与市场功能，逐步改变农户“等、靠、要”的固化思想。一是加强农村公共文化服务体系建设，农村居民受教育程度普遍较低，重点是要让既有乡村文化场馆、设施和资金用途落到实处，不断提高乡村文化活动的丰富程度和吸引力，逐步提高贫困地区居民综合素质。二是加大对优秀乡土文化产品的支持，出台相关政策和办法，扶持传统手工艺等各种类型非物质文化遗产发展，打造贫困地区乡村旅游新的文化元素和文化产品。三是提升乡村旅游项目的乡土文化内涵和品位，深入挖掘农耕文化，特别是民族文化、生活习俗、传统技艺等特色文化，纳入乡村教育、民风家风、村规民约的建设中，打造农业休闲、研学旅游等一系列深度体验的文化和旅游产品。

7.4.4 坚守乡村旅游扶贫的绿色发展底线，推进乡村生态振兴

“乡村振兴，生态宜居是关键”①，旅游精准扶贫助推乡村振兴，必须牢牢树立和践行“绿水青山就是金山银山”的理念。一是合理利用乡村自然环境与生态资源，坚持绿色发展，尊重乡土田园生态景观格局，保护农田肌理、溪流水景等自然元素，采用乡土建筑材料和生态建筑技术，人工构筑物与生态环境和谐共存，对村民日常生活生产和乡村旅游活动产生的废弃物进行分类收集和集中处理。二是积极开发特色农旅融合产品，充分利用贫困地区乡村既有的田园景观、特色耕作，整合绿水青山、传统耕作、瓜果畜牧、风土人情、民俗文化等各类资源，打造特色乡村生态旅游服务产品。三是盘活存量，充分利用农宅农院，增加农民财产性收入，尽可能使用废弃宅基地和荒山、荒坡、滩涂等，把这些不适宜农业生产的土地开发起来，减少乡村旅游建设用地，保持和改善乡村生态环境。

7.4.5 优化乡村旅游扶贫组织和管理机制，发挥组织振兴优势

激发乡村旅游扶贫助推乡村振兴的“组织动能”，充分发挥基层组织

---

① 农业农村部：《解读中央一号文件：乡村振兴生态宜居是关键》，央视网，http：//www.moa.gov.cn/ztzl/yhwj2018/spbd/201802/t20180205_6136481.htm，2018 年 2 月 5 日。

的政治优势、组织优势，让广大群众在致富、带富、共富中有更多的获得感。一是让更多农户有机会参与旅游，注重困难群众“参与旅游、分享旅游、受惠旅游”的实际问题，落实贫困地区居民在知情、参与决策、管理监督等方面的权力。二是优化乡村旅游利益分配机制，构建村集体、合作社、农户和企业的利益连接机制，广泛发动村“两委”、村致富带头人、热心村民等群体，发挥党组织和党员产业大户在政策引导、经营示范、技术指导等方面的联动优势，共同带动贫困户、帮扶贫困户，合理分配地租、劳务、入股分红、品牌溢价等各方面的收益。三是创新农村基层组织方式，充分发挥村民自治作用，营造邻里互帮、村民互助的组织氛围，通过乡村旅游对乡风文明的引导和乡土文化的传承，以乡情乡愁凝聚人心，提升乡村振兴的基层自组织能力。

7.5 小结与讨论

旅游精准扶贫是助力贫困地区脱贫攻坚与乡村振兴的有效途径之一。旅游有助于目的地减贫和可持续发展，既是国际共识，也得到了我国乡村旅游扶贫试点村相关案例的证实。在全国上下深入推进乡村振兴战略、落后地区发展乡村旅游意愿强烈的背景下，需要将乡村振兴战略的思想和原则融入具体的旅游精准扶贫计划和行动之中，创新乡村旅游精准扶贫的商业模式、聚合乡村旅游扶贫的智力资源、夯实乡村旅游扶贫的文化底蕴、坚守乡村旅游扶贫的绿色发展底线、优化乡村旅游扶贫组织和管理机制，突出解决旅游精准扶贫适宜区域、实施主体、主导产业、资金来源与保障机制的问题，克服贫困地区投入能力不足、居民参与能力不强等诸多发展“瓶颈”与市场失灵问题，真正实现旅游精准扶贫助推贫困地区乡村振兴。

本章研究从产业、人才、文化、生态和组织等方面着手，为旅游精准扶贫和乡村振兴的政策制定等方面提供了可资借鉴的参考路径。脱贫攻坚是实现乡村振兴的基础和前提，贫困地区旅游资源的相对优势，为乡村旅游助力扶贫脱贫，继而助推乡村振兴提供了理想途径，但贫困地区在区位条件、资源禀赋、发展基础等方面均存在较大的差异，乡村旅游市场需求与规模的不稳定性，乡村旅游资源产权的模糊性以及贫困地区农户技能提升的长期性等问题，将影响乡村旅游的可持续性及其对扶贫脱贫和乡村振兴的效应，需要在国家和地区战略部署、政策设计和产业实践中不断丰富、完善和提升。

第8章 结论和展望

8.1 结论和启示

从理论研究和实践需要双重角度出发，本书对“国内精准扶贫和乡村振兴互为对方知识图谱中的理论热点，旅游精准扶贫已证实为乡村振兴的重要驱动力和有效路径”进行了较为充分的论证。从农户参与机理、小农户与市场连接、旅游扶贫效果感知、全域旅游等薄弱环节和重点工作出发，以湖南省凤凰县为案例地区，探索了民族地区旅游精准扶贫推动乡村振兴的有效路径。研究发现，提升农户的旅游参与能力和获得感是旅游扶贫攻坚的关键所在，小农户对乡村旅游发展受多种因素影响，重点需要加强资金、信息、技能、龙头企业、专业人才等方面的支持力度，以及全县全域旅游建设的稳步推进。本书还从创新乡村旅游扶贫的商业模式、聚合乡村旅游扶贫的智力资源、夯实乡村旅游扶贫的文化底蕴、坚守乡村旅游扶贫的绿色发展底线、优化乡村旅游扶贫管理和组织机制等具体路径出发，提出从产业振兴、人才振兴、文化振兴、生态振兴和组织振兴五个方面全方位、精准有效地助推乡村振兴。

2020年中国消除绝对贫困，但相对贫困还会长期存在。6月以来，《乡村振兴促进法草案》（以下简称《草案》）提请十三届全国人大常委会第十九次会议初次审议，乡村产业振兴、人才振兴、文化振兴、生态振兴、组织振兴仍然是乡村全面振兴的核心内涵和主要抓手。《草案》要求各级政府积极有序发展乡村旅游，鼓励城市居民到乡村旅游、休闲度假、养生养老等。因此，在乡村振兴和旅游扶贫的双重目标驱动下，本课题有继续深入研究的重要价值，以及提供同类案例地区参考借鉴的较强参考意义。聚焦本领域，落实党中央有关方针政策，参考借鉴其他地方实践中的成功经验，不断深化和更新本研究相关成果，开展文化和旅游融合在乡村振兴中的专题探索，将是下一阶段的重点。

8.2 不足和展望

乡村精准扶贫助力乡村振兴是个庞大的系统工程，本书仅立足文献述评、调研认知、案例分析和研究思考，探讨旅游精准扶贫在贫困地区乡村振兴中的主要作用、现实问题和推进途径。限于理论研究的深度、案例调查的局限、技术手段的薄弱，本书的研究内容、研究结论都不尽全面，仅触及了本领域研究的冰山一角。本书取得的初步成果，还需要在实践中不断进行检验和修正。

从理论研究来看，旅游精准扶贫研究亟须与乡村振兴、“三农”问题、城乡融合等乡村发展重要问题紧密结合，旅游精准扶贫的目标导向和实践反思、区域路径与模式创新、文化传承和乡村治理、数据建设和科技赋能等领域，可能成为旅游精准扶贫与贫困地区乡村振兴有效衔接和深度融合的重点研究方向。从实践研究来看，要精准识别发展乡村旅游所具备的资源、区位、市场等多项条件和可行性，将乡村振兴战略的思想和原则融入具体的旅游精准扶贫计划与行动之中，探索若干成功实践模式并找准相关发展痛点。在乡村振兴战略和文旅融合新时代、全域旅游新方位、优质旅游新战略等背景下，如何根据贫困地区实际情况贯彻落实好乡村旅游精准扶贫的发展理念，寻求农户参与乡村旅游的具体实践进路和成功模式等方面仍有很大的探索空间和发展前景。

附录一　调 查 问 卷

一、农户调研问卷

被调研人姓名：________；年龄________；受教育程度：________；联系电话________

（一）家庭基本情况（请根据您的实际情况填写或在对应的选项下打√，下同）

（1）总人口（按户口簿，不含已经分家的子女）____人，其中劳动力（16~65 岁、有劳动能力、不含学生）____人，在读学生或学龄前儿童____人

（2）家庭成员基本情况

与户主的关系	年龄	少数民族	文化程度	健康状况	目前职业状况	主要从业地区
		是 =1，否 =2	不识字 =1，小学 =2，初中 =3，高中 =4，中专 =5，大专及以上 =6	良好 =1，一般 =2，较差 =3，很差或残疾 =4	务农 =1，农闲时打工、农忙时务农 =2，常年外出打工 =3，稳定的非农工作 =4，学生 =5，其他 =6	本村 =1，本乡镇 =2，本县 =3，本省 =4，外省 =5
户主						

（3）如果您家农闲时打工，男劳动力收入________元/天；女劳动力收入为________元/天

（4）家里是否有各级干部（含组长、妇联主任等村干部）：①有；②无

（5）家里到能通汽车的公路的距离约________米

（6）所处位置：①高山；②丘陵；③河滩或平原

（7）房屋间数（不含杂房）：____间

房屋年限：①新建中；②5 年以内；③5～10 年；④10～20 年；⑤20 年以上

建筑结构：①土坯房；②砖瓦平房；③砖瓦楼房；④其他结构

（8）生活条件

类别	通电	自来水	水厕	摩托车	小轿车	电冰箱	电视机	空调	热水器	电脑	宽带	电话和手机
有												

（二）家庭经济情况

（9）家庭承包耕地面积（二轮承包面积）______亩，共有耕地块数______块

（10）耕地质量（地力、灌溉等方面情况）（0～10 分，0 非常差，10 非常好）：__________

（11）2016 年实际耕种面积______亩，主要种植作物（3 种）______、______、______

（12）近十年耕种面积总的趋势：①显著减小；②有所减小；③基本没变；④有所增加；⑤显著增加

（13）常年粮食（水稻）单产水平______斤/亩，每亩地净利润（不算家庭投入劳力）______元/亩

（14）家庭承包果林面积______亩，实际耕种面积______亩，主要种植作物（3 种）______、______、______

（15）近十年家庭林果种植面积的变化趋势：①显著减小；②有所减小；③基本没变；④有所增加；⑤显著增加

（16）家庭养殖的主要品种及其数量：______、______、______

（17）近十年家庭养殖变化趋势：①显著减小；②有所减小；③基本没变；④有所增加；⑤显著增加

（18）2015 年家庭总支出约______元，其中支出最多的是哪一项______①日常生活开支；②人情往来；③医疗；④教育；⑤生产经营投入；⑥其他______

（19）2015 年家庭纯收入约______元，其中农业经营纯收入约______元，其他经营收入约______元，工资性收入约______元，政府补助收入______元，其他收入______元

（20）近十年家庭工资性收入比重的变化趋势：①显著减小；②有所减小；③基本没变；④有所增加；⑤显著增加

（21）近十年家庭非农业经营收入比重的变化趋势：①显著减小；②有所减小；③基本没变；④有所增加；⑤显著增加

（22）是不是政府确定的贫困户？①是；②不是

如果是政府确定的贫困户，政府扶持形式和资金？________________

____

（23）家庭目前有没有欠款：①有；②没有

平时借款最主要途径：①银行或信用社；②亲朋好友或邻居；③高利贷；④其他

平时借款最主要用途：①农业生产；②经商；③子女上学；④子女结婚；⑤看病；⑥建房或买车；⑦其他

家庭从银行借款的难易程度（0～10 分，0 很难，10 很容易）：______

家庭从亲朋好友和邻居借款的难易程度（0～10 分，0 很难，10 很容易）：______

是否加入新型农村合作医疗：①是；②否

邻里关系的和睦程度（0～10 分，0 非常不和睦，10 非常和睦）：______

有没有参加专业协会或农民合作社：①有；②没有

您感觉您家对外界各种信息的了解程度（0～10 分，0 非常少，10 非常多）：______

您家有没有获得过培训：①有，培训内容________________；②没有

有没有较亲的亲戚常住于城镇：①有，做什么工作？________；②没有

对目前家庭总体状况的满意程度（0～10分，0非常不满意，10非常满意）：______

（三）旅游发展和生计影响

（24）本乡或邻近乡镇有没有旅游开发工作［如"没有"，请跳至第（36）题］：①有；②没有

（25）本地发展旅游给您家生产（种植、就业等方面）带来了哪些影响？____

____

____

（26）对生产影响总的判断是（0～10分，0非常差，10非常好）：________

（27）本地发展旅游给您家生活（基础设施、物价等方面）带来了哪些影响？____

____

____

（28）对生活影响总的判断是（0～10分，0非常差，10非常好）：________

（29）本地发展旅游给周边生态环境带来了哪些影响？____________

____

（30）对环境影响总的判断是（0～10分，0非常差，10非常好）：________

（31）本地旅游发展对本户影响的总体判断（0～10分，0非常差，10非常好）：________

（32）本村有没有推进旅游开发的工作［如"没有"，请跳至第（34）题］：①有；②没有

（33）本村发展旅游后，本村以下方面的变化情况：

本村打工机会：①减少；②基本没有变化；③增多

农产品售卖、农家乐等经营机会：①减少；②基本没有变化；③增多

村民家庭收入：①减少；②基本没有变化；③增多

旅游收入在政府、企业、村集体之间分配是否合理：①很不合理；②一般；③合理

不同农户之间获得的旅游收入：①差别很小；②一般；③差别很大

本村交通条件：①变差；②基本没有变化；③变好

本村医疗、教育等生活设施：①变差；②基本没有变化；③变好

本村社区环境和社区治安状况：①变差；②基本没有变化；③变好

本村生活成本：①降低；②基本没有变化；③提高

村民能力和素质：①降低；②基本没有变化；③提高

民族文化：①受到损害；②基本没有变化；③得到发扬

邻里关系：①变差；②基本没有变化；③变好

乡村民风与传统美德：①变差；②基本没有变化；③变好

旅游农产品销售：①变困难；②基本没有变化；③变容易

旅游工作的季节性：①变小；②基本没有变化；③变大

对自然环境的影响：①不利影响；②基本没有影响；③有利影响

对环境保护意识与行动的影响：①不利影响；②基本没有影响；③有利影响

（34）对本村旅游开发的总体态度（0～10分，0非常反对，10非常支持）：____，为什么____

____

（35）对本村旅游开发的总体满意程度（0～10分，0非常不满意，10非常满意）：____，为什么____

____

（36）对参与旅游开发的总体态度（0～10分，0非常反对，10非常支持）：____，为什么____

____

（37）如果您家要旅游征地和异地安迁，您家的态度（0～10分，0非常反对，10非常愿意）：____，为什么________________________________

____

（38）本户是否有人参加旅游开发和经营相关工作？［如选“②”，请

直接跳至第（39）题]

①有，哪一年从事旅游开发经营____；参加旅游开发经营前最为主要的收入来源是：a 务农；b 外出打工；c 其他；从事旅游的原因：a 政府统一推动；b 企业带动；c 自发主动参与；d 其他________________

②没有，没有从事旅游的原因：a 文化程度较低；b 距离景区较远；c 距离公路较远；d 劳动力不够；e 没有资金支持；f 其他__________

（39）本户从事哪方面旅游开发经营工作：①农家乐；②旅游商品销售；③景区工作；④交通运输；⑤其他________________

（40）本户提供哪些旅游服务：①餐饮；②住宿；③农产品；④纪念品；⑤其他________________

（四）问题、计划与建议

（41）家庭生产经营方面面临的主要问题（0～10 分，0 不存在或者非常好，10 非常严重）

问题	分值	问题	分值
缺少旅游资源和产品		工作机会少	
缺少劳力		工作不稳定	
缺少技能		土特产品加工不足	
缺少资金		土特产品卖不出去	
缺乏信息		（旅游）收入分配不合理	
缺少企业带动		家庭参与村集体生产经营决策不足	
缺少能人带动		来旅游的人少	
缺少财政支持		临近村镇竞争太激烈	
自然灾害		村内恶性竞争	
病虫害		交通不便利	
其他			

（42）您家今后希望从事的工作及其难易程度（0～10 分，0 非常难，10 非常严重）

生计类型	意愿 （0～10 分，0 没有，10 非常强）	难易程度 （0～10 分，0 非常容易，10 非常难）
种养殖		
外出打工		
旅游经营（餐馆、农家乐）		
旅游农产品和纪念品加工		
旅游交通运输		
旅游服务业（服务员、保洁等）		
土地、房屋等资源入股经营		
其他		

（43）您认为本地旅游开发和旅游扶贫中有哪些好的经验？存在哪些问题？有何建议和想法？

____

____

____

____

____

____

____

____

二、村集体调研问卷

问卷编号：________访谈人：________

村集体调查问卷

时间：_____年___月________日；地点：_______省______县（市）________乡（镇）__________村

被调研人姓名：________；年龄________；受教育程度：________；

职务：________；联系电话________

（一）基本情况

（1）本村距乡镇政府距离________里，距核心景区距离________里，距乡级及以上主要干道________里

（2）本村共有村民小组________个，总户数________户，总人口________人，其中少数民族________人，主要包括哪些少数民族____

（3）本村共有劳动力（16 ~ 65 岁、有劳动能力、不含学生）________人，其中，外出打工________人，在村内直接参与从事旅游开发经营相关活动的共有________人

（4）本村地形________，本村耕地总面积________亩

（5）本村有没有驻村干部：①有；②没有

（6）本村企业家、县级以上干部等能人情况________________________

（7）本村教育、医疗、交通、电力、水等基础设施与公共服务情况____

（8）村集体收入及其来源____

（二）贫困情况

（9）本村共有贫困户________户，共有危房________户

（10）本村是否政府确定的贫困村：①是；②不是

（11）本村贫困或阻碍农民增收最为主要的因素是什么？

____

____

____

____

（12）如果是政府确定的贫困村，针对具体的脱贫计划与支持政策，您有何建议？

____

____

____

（三）产业开发

（13）本村农民人均纯收入________元/年，近十年来村民主要收入来源及其变化趋势（农业经营收入、其他经营性收入、工资性收入等方面）如何？

____

____

（14）本村农民种植的主要粮食作物、经济作物的类型是什么？面积多大？效益如何？问题与建议（包括现状与趋势）分别是什么？养殖情况如何？

____

____

____

____

____

（15）本村有何特色的旅游资源和旅游产品（自然资源、民族文化、土特产等方面）？开发情况［时间、主体、投资方式、开发内容（农家乐/旅游商品销售/旅游商品加工等）、实际效果、存在的主要问题等方面］如何？

____

____

____

____

____

____

____

（16）本乡镇或邻近乡镇有没有发展旅游？主要发展什么类型的旅游？时间是什么时候？您认为，（乡/县）发展旅游对本村带来了哪些积极/消极影响（生产、生活，或者经济、社会、环境等方面）？原因是什么？有何建议和想法？

(17) 通过发展（乡村）旅游来扶贫/带动农民增收，您觉得可行吗？为什么？怎样来推动旅游扶贫（包括参与方式、发展方向、政策需求等）？

附录二　专题报告：旅游促进减贫的全球进程与时代诉求*

一、新角色：旅游在世界减贫进程中从边缘走向中心

随着旅游业产业规模的扩大，以及旅游业和经济社会融合程度的加深，其对全球减贫事业的贡献越来越受到人们关注。在许多发展中国家和地区，旅游业已经成为当地人民摆脱贫困的主力军。

1. 减贫一直是事关全球发展的关键主题

消除贫困，自古以来就是人类梦寐以求的理想，是各国人民追求幸福生活的基本权利。第二次世界大战结束以来，消除贫困始终是广大发展中国家面临的重要任务。

1992 年 12 月，第 47 届联合国大会确定每年 10 月 17 日为“国际消除贫困日”，用以唤起世界各国对因制裁、歧视、财富集中化引致的全球贫富悬殊族群、国家与社会阶层的关注、援助。1995 年，联合国社会发展世界首脑会议确定 1996 年为“国际消除贫困年”，1997 ~ 2006 年为第一个“国际消除贫困十年”。1999 年，国际货币基金组织和世界银行制定了减贫战略书，目的是扩大贫困人口在减贫战略中的参与，加强各个发展伙伴之间的协调，使国际社会的财政、签证便利化等政策能够综合起来取得减轻贫困的效应。2000 年，联合国提出了作为人类发展目标的《千年宣言》，把到 2015 年世界贫困人口减少一半作为新千年目标之一。2015 年 9 月，

---

* 本报告来自中国旅游研究院 2018 年在世界旅游联盟会议上发布的《旅游促进减贫的全球进程与时代诉求——世界旅游发展报告 2018》，报告以“旅游促进减贫”为主题，既是对旅游减贫实践的关切，也是对联合国《2030 年可持续发展议程》首要目标“在全世界消除一切形式的贫困”的呼应。报告重点阐述了全球旅游促进减贫的最新进展和发展趋势，同时呈现全球旅游促进减贫的案例和做法，尤其是来自中国的经验和理念（报告全文根据需要进行了相关精简）。中国旅游研究院宋子千首席战略研究员是本报告执行负责人。

联合国可持续发展峰会通过了一份由193个会员国共同达成的成果文件，即《联合国2030年可持续发展议程》，其提出的首要目标是“在世界各地消除一切形式的贫穷”。

2. 减贫的指标一直在完善，内涵一直在拓展

1992年，世界银行将年收入低于370美元确定为绝对贫困的认定标准，将达不到国家规定的最低生活标准者确定为相对贫困。2008年，世界银行提出了新的贫困线标准，即每人每天消费低于1.25美元，2015年进一步上调至1.9美元。2011年11月，中国将国家扶贫标准比之前提高80%，达到农民人均纯收入2300元/年，并根据物价指数、生活指数等动态调整，目前已经超过了3000元/年。

从贫困范围来看，最早人们关注的主要是经济贫困，后来则拓展至多层面的贫困。联合国发展计划署在《1997年人类发展报告》中提出了“人文贫困”的概念，即“人们在寿命、健康、居住、知识、参与、个人安全和环境方面的基本条件得不到满足，而限制了人的选择”。今天所说的贫困不仅是经济方面的落后，还包括使贫困人口参与经济、社会、政治等方面的能力和机会。

3. 世界对旅游减贫的认识逐步在深化

20世纪五六十年代，随着欧美发达国家进入大众旅游时代，旅游发展对目的地经济社会发展的影响开始显现。一些贫困地区通过发展旅游带来了收入，增加了就业，改善了基础设施。但在这个阶段，旅游减贫主要是一种偶发的、附加的行为，贫困地区特别是贫困人口从旅游发展中的受益没有得到真正关注，旅游发展很少惠及底层的贫困人口。

20世纪七八十年代，旅游对于促进就业、拉动经济的作用得到进一步承认，旅游在减贫中的一些优势如就业面广、就业层次多等也被提了出来。但与此同时，研究发现，旅游发展中存在生态环境破坏、经济漏损、社会不平等、严重依赖外国资本和企业乃至“旅游飞地”等现象，上述现象引起国际社会广泛重视。1992年，联合国环境与发展大会不仅关注到旅游对地区整体的经济影响，同时也充分考虑到了社会居民切身利益问题，旅游发展的目标开始包括生态和社会可持续性。1999年，英国国际发展署提出PPT概念（即Pro－Poor Tourism的缩写，可译为“有利于贫困者的旅

游”），标志着国际旅游减贫视角已经明确转向更为微观的层次，即贫困人口如何通过旅游发展实现自身发展。2002 年，世界旅游组织提出“可持续旅游消除贫困计划”（ST - EP 计划，即 Sustainable Tourism - Eliminating Poverty），提出将可持续旅游作为减贫的一种手段，不仅通过经济资助、项目示范、招商引资，而且通过能力建设和培训、改善旅游对社会文化的影响等来促进当地经济发展。2017 年 9 月，由中国发起的第一个全球性、综合性、非政府、非营利国际旅游组织——世界旅游联盟正式成立，该联盟以“旅游让世界和生活更美好”为核心理念，“旅游促进减贫”是其三大目标之一。

4. 新时代旅游应当，也可以在世界减贫中承担关键角色，发挥重要作用

过去二十年，世界旅游业总体上以高于全球经济的速度在增长，特别是以中国为代表的发展中国家旅游业发展非常迅速，这为旅游减贫创造了更好的前提条件。随着旅游可持续发展理念获得更多共识和广泛传播，人们更加注重旅游开发和生态环境的协调，更加注重通过旅游教育、培训等提升贫困人口的综合素质，增强了旅游减贫的效果，推动旅游减贫从静态减贫向动态减贫乃至代际减贫转变。旅游与三大产业、新农村建设、新型城镇化等的深度融合，休闲农业、健康旅游、养老旅游、研学旅游、体育旅游、文化创意旅游、旅游金融、旅游装备制造等新业态的发展，极大地丰富了旅游减贫的渠道，创新了旅游减贫的路径。扶贫方式的改变、居民收入的积累以及土地、房屋等产权的明晰等，使得贫困地区的人口不再单纯依赖出卖劳动力获得收入，而是形成了包括工资性收入和利息、股息、租金等财产性收入在内的多元化收入渠道，旅游减贫更有保障。

5. 在中国，旅游减贫具有特殊而重要的意义

当前中国正处于全面建成小康社会的决胜期，中国共产党第十九次全国代表大会提出的三大攻坚战之一即精准扶贫攻坚。旅游业作为中国国民经济的战略性支柱产业以及减贫作用突出的产业，在中国的减贫事业中责无旁贷。原中国国家旅游局和中国国务院扶贫办多次就旅游扶贫工作进行会商，2018 年 1 月，联合印发《关于支持深度贫困地区旅游扶贫行动方案》。2018 年 3 月，中国国务院办公厅出台《关于促进全域旅游发展的指导意见》，提出“大力实施乡村旅游扶贫富民工程”，“提高旅游扶贫的精

准性，真正让贫困地区、贫困人口受益”。

二、新成就：旅游在贫困地区经济社会发展体系中从辅助角色到关键推动力量

随着全球旅游业快速发展，全球旅游人次和国际旅游收入持续攀高，旅游发展对世界经济增长和社会发展的贡献进一步增强。相应地，越来越多贫困地区的居民，正在通过深入而广泛的参与，在获得充分而有质量的就业机会、提高工资收入和资产性收益，进而提高其生活品质和综合素质等方面，分享着旅游发展的硕硕果实。

1. 旅游成为发展中国家就业和收入的主要来源

在世界 48 个最不发达国家中，旅游业是 20 个国家出口收入的第一或第二来源。在一些发展中国家，特别是小岛屿国家，旅游业可占国内生产总值的 25% 以上。2015 年有媒体报道，南非旅游业产值占国内生产总值的比重超过 9%，为南非创造了超过 150 万个工作机会；从非洲整体来说，旅游业产值占非洲大陆国内生产总值的 8.1%，为非洲创造了 2050 万个工作机会；对于毛里求斯、塞舌尔等非洲国家，旅游业对经济的贡献更高。另有研究表明，21 世纪初坦桑尼亚的徒步旅行每年为导游提供 400 个工作岗位，为厨师提供 500 个工作岗位，为搬运工提供 1 万个工作岗位；每一个攀登乞力马扎罗山的游客给其国民经济的平均贡献达到 1370 美元。在中国，近年来旅游减贫取得了巨大的成就。中国国务院扶贫办和中国国家旅游局 2017 年的报告显示，2011 年以来，中国通过乡村旅游已带动 1000 万人以上贫困人口脱贫致富，占贫困人口的比重超过 10%。据中国农业农村部数据，2017 年，中国休闲农业和乡村旅游共接待游客超过 28 亿人次，收入超过 7400 亿元，从业人员达 900 万人，带动 700 万户农民受益。

2. 旅游发展对特定贫困地区和贫困人群脱贫做出了难以替代的贡献

贫困地区之所以贫困，往往是由于这些地方交通闭塞、土地贫瘠、信息不畅、文化保守，很多贫困地区属于少数民族地区和偏远边境地区。在这些地方发展传统工业和农业难以取得好的成效，而发展旅游业则可能具有某些优势。贫困地区虽然交通闭塞、土地贫瘠，但是也许具有优美的景观和良好的自然生态；贫困地区固然信息不畅、文化保守，但也因此保留

下来很多传统的生活方式和多样的民族民俗文化，这些对于现代旅游者来说恰恰具有很强的吸引力。

澳大利亚虽是经济发达的国家，但其中西部的经济不发达地区居住大量土著人，澳政府1997年推出了“土著人旅游业发展战略”。之后土著人地区经济发展水平显著提高，土著人的就业率在两年中上升了5%，生活水平大大提高。泰国黎敦山山区，既是边界地区，也是少数民族地区，在泰国皇太后基金会和国际社会的支持下，黎敦山开始发展旅游业，清新的空气、秀丽的风景和多样的文化，吸引着无数国内外游客前往观光度假，黎敦山迅速成为旅游胜地。

中国的少数民族约占总人口的8.5%，大多数居住在中西部地区和边界地区，少数民族地区贫困人口占到全国农村贫困总人口约1/3。这些年来随着旅游减贫的发展，很多少数民族地区迅速脱贫致富。西藏林芝地区近年来大力发展全域旅游，大批农牧民从事旅舍、藏餐、客运等行业发家致富。全市参与旅游服务的农牧民群众达1358户8207人次，实现收入6122万元。为鼓励少数民族妇女创业就业，2013年贵州省政府下发《关于实施妇女特色手工业产业锦绣计划的意见》。到2016年，贵州省通过手工艺产业帮扶脱贫的建档立卡贫困妇女达到1.01万人，年人均增收万余元。

3. 旅游业对贫困地区相关产业发展形成了强有力的带动作用

旅游业是综合性产业，产业关联度高，和第一、第二、第三产业都能形成广泛关联，对产业链的形成和地区经济发展带动作用大，因此在很多贫困地区，不仅旅游业本身带来了可观的收入，而且有力带动了很多其他行业的发展，成为贫困地区经济发展的重要引擎。

泰国黎敦山的旅游发展，对推动传统手工艺和种植业转型升级发挥了重要作用。在手工艺品方面，通过引入高端设计理念，聘请国际知名设计师协助进行产品开发，成功打造了黎敦山品牌，传统的陶器、桑树皮纸制品和手工编织品等进入了国际市场。在农业生产方面，大力种植高品质的咖啡、兰花等，并进行高端加工，目前黎敦山咖啡已经形成了良好口碑，在泰国首都曼谷乃至国外都有专门的销售柜台。

丹寨县位于贵州省黔东南苗族侗族自治州，是中国国家扶贫开发工作的重点县。丹寨人主要靠种地和外出打工为生，80%以上的贫困户分布在乡镇边缘的深山区。2016年，万达集团出资6亿元捐建一座旅游小镇，出资5亿元成立丹寨扶贫产业基金。2017年7月3日，丹寨万达小镇开业运营。到2018年7月3日，一年的时间内丹寨万达小镇累计接待游客流量就突破550万人次，带动全县旅游综合收入达24.93亿元，直接带动贫困人口2859户11437人增收，间接带动贫困人口1182户4729人增收。借力万达小镇的带动，通过直接带动和辐射带动两种方式，丹寨县贫困户在发展产业和稳定就业上实现了增收。

4. 旅游发展促进了贫困地区持续发展能力的提升

旅游发展带动贫困地区基础设施的改善。一方面，游客的到来是贫困地区发展旅游的起点，为解决游客进入的便利性和在当地的生活问题，政府和相关组织会优先支持建设公共交通、给排水、电力通信、垃圾和污水处理等基础设施。另一方面，旅游发展给贫困地区带来了收入，部分弥补了贫困地区基础设施建设所需的资金。基础设施的改善，对于当地居民来说，不仅意味着生活水平的提高，而且还提供了更多生产上的可能性。世界银行支持的中国贵州文化自然遗产保护和发展项目，自2009年正式实施以来，共完成了986户传统民居的修缮，修建了6个村镇级游客服务中心、2个县级游客服务中心、22个公厕、8个停车场、2个广场、村寨人行步道80千米，购置了540个垃圾箱，分别配套修建了垃圾池、垃圾转运车和排水、排污系统等。得益于基础设施的改善，主要项目点的年度旅游人数从2008年的50万人次增加到目前的400万人次，很多村寨村民因为从事旅游接待或销售土特产品、手工艺品等，收入有了明显的提高。

旅游发展促进贫困地区传统文化的保护和创新。在市场化和全球化的冲击下，很多传统风俗、生产生活方式、节事、手工艺、地方戏曲表演等濒临消失。旅游的发展则让人们重新认识到这些传统文化的价值，从而使得其获得新生，并在和旅游者的互动过程中得以创新发展。依托万达小镇，中国贵州丹寨县的非物质文化遗产得到更好的展现和传承，该小镇59家特色手工艺品商铺的商品来自17个村级合作社，其中，52家商铺直接销售民族手工产品，7家从事古法造纸、鸟笼编制、蜡染等民俗活动体验。丽江的纳西古乐，素有“音乐化石”之称，一度有失传的危险，旅游业的发展则让其重获活力，很多旅游者慕名前往聆听。

旅游发展促进贫困地区人口素质和治理水平的提高。对于旅游者来说，通过参观和实地体验能够开阔视野、拓展知识面。而对于当地居民来说，也能够在提供服务以及和旅游者交往的过程中提升个人素质。旅游者带来的先进文明理念潜移默化地改变着当地人的生活方式，让更多当地人爱上学习。印度在其旅游减贫战略实施过程中，专门组建由法律人士、旅游专家、政府官员、当地百姓参加的“功能性委员会”。中国则在旅游减贫过程中形成了“景区带村”“公司 + 农户”“党组织 + 农户”“合作社 + 农户”“公司 + 合作社 + 农户”“党组织 + 合作社 + 农户”等不同组织模式。

旅游发展还给很多贫困地区带来生态环境的改善。旅游者看的是风景，体验的是环境，从根本上，旅游活动和生态环境保护并不冲突。在开发适度、经营管理得当的情况下，旅游发展不仅不会对旅游地环境造成大的负面影响，而且能够为生态环境改善创造条件。一方面，旅游发展带来的收入为当地生态环境的保护和优化提供了资金；另一方面，旅游发展让当地居民看到了生态环境的价值，从而自觉成为生态环境的守护者。从更大的范围来看，旅游活动有利于增强人们的生态意识，形成生态环境保护的良好社会氛围。中国黑龙江的铁力市是传统的林业资源型城市，原来当代居民经济来源主要依托林业资源生产、加工，发展旅游后，当地群众纷纷“放下斧头当导游”，既增加了经济收入，又更好地保护了生态。2017年该市接待国内外旅游人数 243 万人次，实现旅游总收入 22 亿元，相当于该县 GDP 的 28%。

三、新动能：旅游促进减贫的动力从传统的美丽风景和历史人文转向科技、文创、人才和投资支撑的美好生活

长期以来，旅游业的发展主要是依赖“二老”资源，即老天爷遗留下来的自然遗产，以及老祖宗遗留下来的人文古迹。事实证明，仅靠美丽风景和历史人文很难让欠发达地区真正脱贫致富。新时代旅游减贫必须重视科技、文创、人才和投资的作用，让贫困地区既有美丽风景，也有美好生活。

1. 科技运用形成旅游减贫新途径

当前科技发展日新月异，不同领域的科技一经运用到旅游发展当中，

就为旅游减贫路径选择增添了更多的可能性。现代农业、先进制造、生态节能设施、智能交通等的发展，为旅游发展创造了新的吸引物和更加便利的设施条件。尤其引人瞩目的是信息和通信技术的商业化应用，不仅改变了旅游消费方式、供给交付方式，还创新了旅游业的商业化发展模式，引发了产业组织方式的深层次变革。特别是农家乐、土特产品、手工艺品等旅游减贫的重要载体，本身具有“小”“散”“非标”属性，品牌发展和竞争力先天不足，市场效益很难充分体现。互联网技术则极大改变了这种局面，让这些产品能以较低成本和市场有效对接，打通了旅游扶贫的“最后一公里”。

2. 文化创意催生旅游减贫新亮点

当前，部分旅行经验丰富的游客正在从一般意义上的观光游览，转向对高品质生活方式的分享和地方独特文化的体验。以世界文化之多彩，每个地域、每个社区、每个季节都有丰富的地域文化和历史文化可供挖掘、整理和开发。正因如此，文化在旅游减贫事业中的贡献日益为国际社会所重视。培养文化人才、利用文化资源、建设文化基础设施、发掘文化经济价值等逐渐成为国际上贫困地区实现旅游减贫与发展经济的重要手段。在中国，如位于厦门岛东南部的曾厝垵，通过植入文化创意，从一个破败的渔村变成文艺青年的圣地，入选“厦门新二十四景”，每年游客接待量达到上千万人次。

3. 扶贫扶智结合增强旅游减贫可持续性

贫困地区之所以贫困，最重要的原因之一就是缺少发展需要的人才。而很多贫困地区之所以得到快速发展，恰恰是有“能人”的带动和“贵人”的扶持。从根本上说，贫困地区长期的发展需要足够的当地人才储备作为基础，扶贫要和扶志、扶智相结合。自 2014 年以来，原国家旅游局每年培训 1000 名旅游扶贫重点村村干部，并针对“三区三州”等深度贫困地区举办了旅游扶贫专题培训班。湖北省文化旅游投资集团在开发恩施大峡谷景区过程中，举办两期“产业技能培训班”，把专家请进课堂，把教室搬到一线，把技能送到农户。中国台湾地区专业志愿者和驻村艺术家制度的实施，有力地帮助旅游地原住民提升了市场意识和专业水平，为传统工艺注入了现代感和时尚元素，使产品更加符合旅游市场需要。

4. 资本在旅游减贫中的作用更加突出

现代旅游业的发展对资本的倚重越来越大，这使得贫困地区发展旅游面临更大的困难，也使得旅游减贫必须更加重视资本要素。特别是在基础设施、整体规划等公共产品建设方面，尤其需要外部资金的支持。这种支持，既包括政府扶持，也包括招商引资、银行贷款以及外部援助等不同方式。在欧洲国家，采用 PPP（Public – Private Partnership，政府和社会资本合作）模式整合政府和社会资本兴建旅游基础设施是常用手段。2018 年 4 月，文化和旅游部、财政部联合印发《关于在旅游领域推广政府和社会资本合作模式的指导意见》（以下简称《意见》），在旅游景区、全域旅游、乡村旅游、自驾车旅居车营地、旅游厕所、旅游城镇、交通旅游、智慧旅游、健康旅游等新业态领域，鼓励运用 PPP 模式改善旅游供给，其中优先支持符合《意见》要求的旅游扶贫贷款项目等转化为旅游 PPP 项目。

四、新目标：旅游减贫依然在路上

《联合国 2030 年可持续发展议程》提出："到 2030 年，在世界各地消除一切形式的贫穷"，为包括旅游减贫在内的世界减贫事业的发展，确定了未来一段时期的目标和任务。中国政府提出到 2020 年，在现行标准下农村贫困人口实现全面脱贫，提前 10 年实现《联合国 2030 年可持续发展议程》确定的减贫目标，充分体现了中国是负责任大国的历史担当，同时对中国旅游减贫提出了新的使命。

当前，旅游在减贫中的作用已经得到世界各国和地区承认，众多政府部门、非政府组织、企业和个人为旅游减贫付出了大量努力，并取得了巨大成效。但和人们对美好生活的期待相比，和人们对旅游业的寄予厚望相比，旅游减贫的实绩还有差距，容不得半点松懈。贫困问题非常复杂，贫困标准不断提高，旅游减贫还面临利益平衡、内生增长能力提升、生态环境制约、政治社会风险等诸多挑战，仍将是未来较长一段时间国际社会的重要发展议题，旅游减贫依然在路上。为此，我们呼吁：

加强旅游减贫的国际交流和合作。世界各国均有自己独特的旅游减贫经验和模式，通过归纳和总结国际旅游扶贫经验，可以进一步深化国际旅游减贫的分工与合作，互相提供可借鉴、可参考的宝贵经验，并成为未来国际旅游减贫合作与知识共享的重要内容。世界旅游联盟（WTA）将旅游减贫的国际合作作为其未来3～5年的主要任务之一，可以为国际旅游减贫合作搭建一个新的平台。

推动世界各国将旅游减贫提升到国家战略层面。大力推动旅游减贫是政府部门责无旁贷的核心要务，政府部门要在旅游减贫过程中发挥引领作用，在财政、金融、投资、土地、人才、规划等方面给予支持，以旅游作为减少贫困人口、实现就业增长、改善环境脆弱性、促进特色产业发展的重要途径。要特别注重政府各部门之间的通力合作，建立健全综合协调机制，整合各方力量推进旅游减贫工作。要促进旅游贫困地区基础设施和公共服务的改善，加快旅游减贫人才的培养，促进特色产业的培育，为旅游减贫提供充分的实施保障。

充分发挥市场主体在旅游减贫中的作用。引导一批成熟的旅游企业到贫困地区投资开发，提高旅游减贫的市场化水平和发展效率。培育一批本地化的市场运营主体，运用市场机制将旅游减贫落到实处。鼓励企业以多种方式与贫困地区集体、个人进行合作。推动互联网企业在贫困地区加快发展，鼓励旅游企业进行科技改造和升级，支持科技企业和旅游经营相结合。进一步加强政府和社会资本的合作，持续改善贫困地区的旅游基础设施和服务设施。

鼓励非政府组织参与到旅游减贫当中。鼓励各类非政府组织参与贫困地区的旅游开发，尤其是基础设施建设、人员培训等领域。推广建立村民合作社，提高贫困地区的组织化程度。推广实施专业志愿者制度，广泛动员不同领域的专业人才下乡进村，积极参与到旅游减贫工作中。建立贫困地区旅游专家智库和咨询机制，加强对贫困地区旅游减贫的政策和重点、难点问题的研究，为旅游减贫中的重大问题提供决策咨询，为贫困地区旅游业发展提供理论和智力支持。

引导当地社区和老百姓的切实参与。充分调动老百姓在旅游减贫中的积极性和创造性，尊重贫困人口的首创精神，激发他们旅游创业创新的热情。做好贫困地区旅游人才队伍的培养工作，不断提升贫困地区旅游减贫的可持续发展能力。进一步实施优秀传统文化振兴计划，支持传统手工艺以及各种类型的非物质文化遗产发展，支持现代艺术和传统文化的结合，提升旅游减贫的文化内涵和文化品位。通过政府、市场、扶贫减贫对象的共同努力，逐步改善贫困地区的经济社会发展水平，改善贫困人口的可持续生计。

鼓励旅游者到贫困地区开展负责任的旅游活动。充分发挥消费主体在旅游减贫中的消费促进作用，鼓励广大旅游者优先选择到贫困地区旅游消费，鼓励旅游者和贫困人口建立长期联系，为贫困地区的经济发展做出贡献。通过直观地感受旅游减贫为当地居民带来的新变化，让旅游者成为旅游减贫的传播者。

附录三　专题报告：旅游促进减贫的产业植入和文化建设*

一、产业植入是旅游促进减贫的新亮点

所谓旅游减贫中的产业植入，就是将旅游业发展成为一个当地大部分人口都能参与的产业，并且通过旅游发展促进区域经济的产业化发展。

1. 较多数量的旅游企业或旅游经营者

具有一定数量的旅游企业或旅游经营者是旅游产业植入的重要标志。同时，更多的旅游企业和旅游经营者，也意味着更多的参与机会和受益可能性。作为欠发达地区发展旅游的典型案例，墨西哥坎昆旅游度假区的成功离不开众多旅游项目的建设和业态的发展。20 世纪 60 年代，坎昆只是一个仅有 300 多人的渔村。后来墨西哥政府在此发展旅游，多种渠道筹集资金，建设了大量旅游项目。到 1994 年，半岛上的旅馆已达 90 家，客房 20000 多间，另开发有数百家餐馆、夜总会、网球场和高尔夫球场等。现在，坎昆已经发展成为人口规模过百万的大城市，每年接待国际游客数百万，旅游外汇收入数十亿美元。中国河北省的野三坡百里峡景区，通过民宿旅游、工商资本、合作共享、龙头企业等多种资源配置方式，成立了 23 家旅游减贫合作社，新建或改建了 800 家旅游农家院，农家乐经营法人达 2203 家，推动了景区周边旅游迅速发展，辐射带动了 71 个贫困村，有 45 个村以乡村旅游为主业，覆盖贫困人口 9094 户 17526 人。

---

* 本报告来自中国旅游研究院 2019 年在世界旅游联盟会议上发布的《旅游促进减贫的产业植入和文化建设——世界旅游发展报告 2019》。报告指出，全球旅游减贫的实践表明，以项目引进、资金扶持、个体支持等为主的旅游减贫方式其弊端日益显现，而产业植入和文化建设逐渐成为旅游促进减贫的有效手段（报告全文根据需要进行了相关精简）。中国旅游研究院宋子千首席战略研究员是本报告执行负责人。

2. 较长的旅游产业链和较大规模的旅游产业集群

发展较好的旅游目的地，必然围绕“吃住行游购娱”等旅游活动要素进行上下游的纵向拓展和差异化的横向发展，从而形成旅游产业集群。尼日尔是世界上最不发达的国家之一，从20世纪80年代开始发展旅游业，除了自然和历史遗留下来的景点外，还策划了巴黎—达喀尔汽车拉力赛、狩猎旅游、博物馆旅游、尼日尔非洲国际时装节等特色旅游项目。中国湖南省的张家界景区，是著名的世界自然遗产地，近年来推出“龙头企业+基地+村集体+旅游购物+农户、特色种养村+农副产品+乡村旅游+农户、基地+农旅文旅产品+旅游购物+农户”等旅游减贫模式，通过将张家界工艺评选和包装为“张家界礼物”，开发特色旅游商品2000多种；把特色种养、农副产品加工与乡村旅游结合，开发“张家界茶”等一批特色农产品品牌，带动5200名贫困户脱贫致富。

3. 现代化的旅游生产经营方式

贫困地区的旅游产业要想获得大的成功必须积极促进旅游产品生产和经营的现代化。世界旅游组织在东帝汶合作开展的社区生态旅游营销项目，不仅组织了社区旅游营销培训研讨会，制作了关于东帝汶生态旅游的小册子，还开发了英文旅游网站。马达加斯加虽然是世界最不发达国家之一，但为了更好地发展旅游业，在2016年宣布“三年光缆网络计划”，要打造覆盖马达加斯加全岛所有城市的光纤网络，到2018年已建成9000千米。中国非常重视科技在减贫中的运用。2018年，山西省文化和旅游厅与高德地图合作，开发了“山西省旅游减贫地图”。“湖北第一淘宝村”湖北省十堰市郧西县涧池乡下营村，近年来加速发展旅游业，现代化的“淘宝一条街”和青石板路、古朴的吊脚小楼齐头并进。

4. 当地居民参与程度较高

真正的产业植入应该是以当地居民为主体，否则就只不过是“产业殖民”。当地居民参与最直接的体现就是参与就业和创业，或者以自身拥有的房产、土地、资金等参与投资入股。在2019年亚太旅游年会（PATA）峰会上，菲律宾旅游部长表示数百万菲律宾人将旅游业作为生计来源。2017年旅游业对该国的国内生产总值贡献了12.2%，对总就业人数的直接贡献为13.1%，为菲律宾人提供至少530万个工作岗位。中国广西壮族自治区南宁市新江镇在发展乡村旅游过程中，通过聘请贫困户到农家乐打工，实现就业人数100多人；通过优先聘请贫困户参与旅游基础建设务工，实现就业100人左右。2016年底，新江镇实现脱贫527户2199人，贫困发生率降至3.56%，降低了7.05%。中国西藏林芝地区，在发展旅游后大批农牧民从事旅舍、藏餐、客运等行业发家致富。2018年1～4月，全市参与旅游服务的农牧民群众达1358户8207人次，实现收入6122万元。

5. 旅游业和其他产业深度融合

旅游业和相关产业的融合，有利于充分发挥旅游业带动作用大的产业特性，提高旅游业发展的综合效益，是旅游产业植入的重要标志。泰国黎敦山是将旅游业和咖啡、兰花种植以及手工艺等融合发展的典型案例。中国近年来提出了“旅游+”和“全域旅游”等系列概念，有力推动了旅游扶贫中的产业融合发展。海南省保亭县三道镇在2018年投入409万元，引进台湾地区兰花种植企业参与美丽乡村建设，帮助村民发展兰花种植和乡村旅游，实现农民不离乡、不离土、不失地，就近、就地、就业增收脱贫，解决了30户贫困户143个劳动力就业。福建省建瓯市的小松镇，通过引导建档立卡的贫困户发展乡村休闲旅游，帮助村民在流转土地上发展百香果等水果观光采摘园，吸引游客前来观光，使得每个贫困年增加收入近10万元，实现了依托现代休闲农业稳定脱贫。同时，小松镇利用生态环境好的优势，将乡村旅游与休闲体育活动结合，建设了全长约35千米的水美步道，沿线串联6个村和1个场，设计了自行车道、户外徒步、登山、露营、溪河漂流等多个运动项目。2017年，小松镇被评为全国第一批运动休闲特色小镇试点，2018年成为福建省唯一入选的“中国最美康养小镇”。

二、文化建设在贫困地区旅游产业植入中起到了关键作用

文化是一个地方、一个民族发展的基础依托和持久动力，旅游减贫中的产业植入离不开文化建设。文化建设和产业植入交融在一起，共同促进贫困地区的持续发展。

1. 文化遗产是贫困地区旅游产业发展的优势资源

贫困地区一般处于偏远地区，交通闭塞、信息不畅，很多还是少数民族地区，因而往往保留了许多古老的文物、建筑、遗址遗迹、传说故事以

及独特的地方风俗、地方性知识、戏曲音乐和手工艺等。这些文化遗产对于现代旅游者来说具有浓郁的吸引力，从而可以构成当地旅游产业发展最具优势的资源之一。尼泊尔是世界上最不发达的国家之一，近年来利用文化遗产唐卡艺术吸引旅游者取得了很大成功。不仅在旅游区和商业街上展示唐卡制作的传统手工艺，还开发唐卡旅游商品，使之成为尼泊尔高端旅游纪念品之一。尼泊尔创立的唐卡艺术学校，甚至吸引了英国、墨西哥、日本等国年轻人慕名学艺。中国贵州省多山，贫困人口数量排全国各省市区第一位，但贵州省同时也是“文化高地”。贵州省铜仁市马岩村，将土法造纸这种传统手工技艺开发成一种旅游项目，既保护了祖先遗留下来的非物质文化财富，又为游客认识传统造纸工艺创造了条件。

2. 特色文化构成了贫困地区重要的旅游吸引力

国家或地区独具特色的文化资源是一项重要的旅游吸引物，具有很强的旅游开发价值，这些特色文化不仅包括各种物质或非物质遗产，也包括当代文化乃至活的文化，如当地饮食、生活习俗、休闲方式等。贫困地区可以把特色旅游文化建设作为减贫的主要手段，将相应的特色文化元素融入旅游业“吃、住、行、游、购、娱”各要素中去。2018 年 12 月，菲律宾总统杜特尔特在参加菲律宾国际旅游美食节时表示，菲律宾美食文化已经成为国家旅游吸引物的一部分，菲律宾未来要成为“世界食品和美食中心”，同时，还要通过美食旅游文化活动激活菲律宾农业旅游潜力，在增加菲律宾旅游收入的同时，改善农作物销售量。2019 年 7 月，袁家村入选中国第一批全国乡村旅游重点村。游客视角的袁家村是这样的：“小巷古朴典雅，两边店铺林立。油坊中正在手工榨油，童济功茶坊里唱着秦腔，酒坊里美酒醇香，小吃铺吆喝声回荡……一幅幅近似于原生态的农家生活画面呈现眼前。”

3. 文化建设拓展贫困地区旅游业发展空间

有意识地发展教育、科学、文化艺术、新闻出版、广播电视和建设博物馆、文化馆、图书馆、书店等，不仅可以提高贫困地区人民的文化素养，还可以进一步丰富旅游发展的场所、内容和形式。南非政府在 2011 年推出了支持文化创意及旅游等融合的国家战略——“姆赞希金色经济”，利用南非当地的特色文化资源创办了多个节庆活动，如国家艺术节、开普敦国际爵士音乐节、北开普省喀拉哈里沙漠节、普马兰加活力节等，既刺激了当地旅游经济发展，又为艺术家和当地居民提供了收入和经济保障。中国近年来非常注重通过文化建设来促进贫困地区的旅游发展。目前，中国建有乡镇一级的文化站3万多个，农家书屋60万家，基本覆盖全国所有的行政村。2019年以来，重庆市九龙坡区以“文旅融合”为契机，将农家书屋功能融入旅游，在农家乐、景区、酒店、企业等开设具有地方特色的图书流通点和农家书屋外借点，构建起农村“半小时文化服务圈”，让旅游者和当地居民一起，能够在闲暇之时享受阅读的快乐。

4. 文旅融合促进贫困地区的可持续发展

贫困的根源在很大程度上是人口素质不高和精神上的贫乏。在贫困地区推进文化和旅游融合发展，一方面可以提高当地居民的文化自豪感，使他们更加热爱自己的家乡，更愿意保护和发扬当地优秀的传统文化；另一方面可以带来各种知识和观念，促进当地居民文化素质的提高，增强他们的发展意识，这两方面都有利于贫困地区的可持续发展。毛利人是新西兰的土著民族，在《指环王》电影等的带动下，作为电影拍摄外景地的新西兰迎来了旅游业的热潮，毛利人开始利用土著文化的优势，改变自己的经济状况，包括发展毛利村落文化体验、进行毛利战舞表演等。中国福建省屏南县龙潭村，原来有120多栋明清建筑，由于贫困拆除了很多古建筑，全村1400多人口因为贫困只剩不到200人常住。2017年，龙潭村实施文创计划与旅游扶贫计划，组建民间工程队对60余栋古宅进行修复，同时对乡村文化进行恢复，建设了公益画室、四平戏博物馆、黄酒博物馆、咖啡屋、图书馆等旅游服务及文化休闲设施，成为节假日游客爆满的“网红村”。

三、以产业植入和文化建设推动旅游减贫深入发展

在现行标准下，目前全球仍有数以亿计的人口处于贫困当中，甚至没有解决基本的温饱问题。旅游业作为全球最大且仍处于上升阶段的产业之一，有责任在减贫事业中扮演更加重要的角色。特别是要通过旅游产业植入和文化建设的融合，推动有条件的贫困地区实现可持续、高效的发展。

1. 进一步提高对旅游减贫的认识

鼓励开展旅游减贫研究，积累更多的案例，寻找更好的理论阐释。鼓

励不同国家和地区、不同民族和肤色、不同学科和领域的人们就旅游减贫进行多视角、多层面的交流。打破政产学商的界限，让更多的人一起讨论旅游减贫问题，促进理论和实践的互动。

2. 推动贫困地区的旅游产业植入

产业植入是旅游减贫的战略方向。发挥先行者的示范带动作用，让更多的市场主体参与到贫困地区的旅游发展中来，以促进当地旅游业的规模化和现代化发展。致力于构建更加合理的利益分享机制，努力提高当地居民在旅游发展中的参与程度和获得感。充分发挥旅游业关联带动作用强的产业优势，促进旅游业和农业、手工艺业、文化创意产业、体育产业、健康产业等的融合发展，不断寻找新的结合点。

3. 促进文化建设和旅游产业植入的融合

文化建设事关旅游减贫的可持续发展。既要充分尊重当地的文化传统，又要考虑当地居民的发展愿望，并在此基础上实现引进开发项目和当地文化的有机融合。要审慎对待当地的文化遗产，用积极的方式加以利用。鼓励在继承中创新，在创新中发展，通过发展实现当地人口素质的提升和发展意识的提高。

4. 政府、企业和非政府组织各尽其能

产业植入和文化建设需要政府做好基础设施和公共服务，需要企业去投资运营，需要非政府组织去协调沟通。每一类主体都可以发挥自身的优势，在贫困地区的旅游发展中贡献自己的力量。

5. 鼓励更负责任的旅游

旅游是生活方式的分享。给予彼此的差异以必要的理解、包容和尊重，是主客双方都应当共同遵守的旅游伦理。旅行的责任还包括善待一切弱势群体，以及每一份需要保护的自然与文化遗产，并尽我们所能去帮助他们。

6. 推动年轻人积极参与

通过培训、挂职、投资孵化等方式，持续提升年轻人的市场意识和专业能力，推动旅游领域的创业创新向前发展。通过地方商业环境的完善，生活品质的升级，产业体系的优化和教育、科技、文化氛围的提升，吸引年轻人留下来、返回来。

参考文献

[1] 安传艳，李同昇，翟洲燕等．1992－2016 年中国乡村旅游研究特征与趋势——基于 CiteSpace 知识图谱分析［J］．地理科学进展，2018，37（9）：1186－1200.

[2] 安强，杨兆萍，徐晓亮等．南疆三地州贫困与旅游资源优势空间关联研究［J］．地理科学进展，2016，35（4）：515－525.

[3] 保继刚，孙九霞．社区参与旅游发展的中西差异［J］．地理学报，2006（4）：401－413.

[4] 保继刚，左冰．为旅游吸引物权立法［J］．旅游学刊，2012，27（7）：11－18.

[5] 蔡运龙．生态旅游：西南喀斯特山区摆脱"贫困陷阱"之路［J］．中国人口·资源与环境，2006（1）：113－116.

[6] 曹诗颂，王艳慧，段福洲等．中国贫困地区生态环境脆弱性与经济贫困的耦合关系［J］．应用生态学报，2016，27（8）：2614－2622.

[7] 陈佳，张丽琼，杨新军等．乡村旅游开发对农户生计和社区旅游效应的影响——旅游开发模式视角的案例实证［J］．地理研究，2017，36（9）：1709－1724.

[8] 陈升，唐云，何增华．基于 CiteSpace 的精准扶贫研究文献计量学分析［J］．西南民族大学学报（人文社科版），2018，39（7）：226－233.

[9] 陈秧分，黄修杰，王丽娟．多功能理论视角下的中国乡村振兴与评估［J］．中国农业资源与区划，2018，39（6）：201－209.

[10] 陈秧分，刘玉，李裕瑞．中国乡村振兴背景下的农业发展状态与产业兴旺途径［J］．地理研究，2019，38（3）：176－186.

[11] 陈秧分，王国刚，孙炜琳．乡村振兴战略中的农业地位与农业

发展［J］. 农业经济问题，2018（1）：20－26.

［12］崔晓明，杨新军. 旅游地农户生计资本与社区可持续生计发展研究——以秦巴山区安康一区三县为例［J］. 人文地理，2018，33（2）：147－153.

［13］戴斌. 借力资本，依靠农民，创新发展新时代乡村旅游［EB/OL］. http：//www. ctaweb. org/html/2018－3/2018－3－15－15－14－30163. html，2018－3－15.

［14］戴光全，梁春鼎，陈欣. 基于扎根理论的节事场所与会展场馆场所依赖差异［J］. 地理研究，2012，31（9）：1707－1721.

［15］丁德光，陆林. 旅游在反贫困过程中的角色与功能［J］. 安徽师范大学学报，2010，33（2）：180－185.

［16］丁焕峰. 国内旅游扶贫研究述评［J］. 旅游学刊，2004（3）：32－36.

［17］丁建军，金宁波，贾武等. 武陵山片区城镇化的农户生计响应及影响因素研究——基于3个典型乡镇355户农户调查数据的分析［J］. 地理研究，2019，38（8）：2027－2043.

［18］董菁，毛艳飞，张良. 乡村振兴战略视角下乡村旅游产业的优化升级研究［J］. 农业经济，2018（9）：50－52.

［19］都阳，蔡昉. 中国农村贫困性质的变化与扶贫战略调整［J］. 中国农村观察，2005（5）：2－9.

［20］杜宗斌，苏勤. 乡村旅游的社区参与、居民旅游影响感知与社区归属感的关系研究［J］. 旅游学刊，2011，26（11）：65－70.

［21］凤凰县统计局关于2018年国民经济和社会发展统计公报［EB/OL］. http：//www. fhzf. gov. cn/zwgk/bmxx/zfbm/fhxtjj/rsxx_23031/201903/t20190317_1132238. html，2019－03－17.

［22］葛继宏. 全域旅游治理的路径探索——以杭州淳安县为例［J］. 浙江社会科学，2017（3）：142－147.

［23］桂拉旦，唐唯. 文旅融合型乡村旅游精准扶贫模式研究［J］. 西北人口，2016（2）：64－68.

［24］郭舒. 基于产业链视角的旅游扶贫效应研究方法［J］. 旅游学

刊，2015，30（11）：31－39.

［25］郭文，黄震方．乡村旅游开发背景下社区权能发展研究［J］．旅游学刊，2011（12）：83－92.

［26］韩锋，宁攸凉，赵荣．自然保护区森林旅游对社区农户收入影响分析［J］．生态经济，2019，35（8）：136－140.

［27］韩磊，乔花芳，谢双玉等．恩施州旅游扶贫村居民的旅游影响感知差异．资源科学，2019，41（2）：381－393.

［28］郝冰冰，罗盛锋，黄燕玲等．国内外旅游扶贫效应文献量化分析与研究综述（2000～2016年）［J］．中国农业资源与区划，2017，38（9）：190－198.

［29］何红，王淑新．多维视角下中国乡村旅游扶贫效应研究评述［J］．中国农业资源与区划，2019，40（4）：185－192.

［30］何建民．旅游发展的理念与模式研究：兼论全域旅游发展的理念与模式［J］．旅游学刊，2016，31（12）：3－5.

［31］何琼峰．基于扎根理论的文化遗产景区游客满意度影响因素研究——以大众点评网北京5A景区的游客评论为例［J］．经济地理，2014，34（1）：168－173.

［32］何琼峰，宁志中．旅游精准扶贫助推贫困地区乡村振兴的思考［J］．农业现代化研究，2019，40（5）：721－727.

［33］何琼峰，宁志中．乡村旅游扶贫中农户参与的影响因素与内在机理［J］．中国农业资源与区划，http：//kns. cnki. net/kcms/detail/11. 3513. s. 20190125. 1151. 006. html.

［34］何仁伟，刘邵权，陈国阶等．中国农户可持续生计研究进展及趋向［J］．地理科学进展，2013，32（4）：657－670.

［35］何宇鹏，武舜臣．连接就是赋能：小农户与现代农业衔接的实践与思考［J］．中国农村经济，2019（6）：28－37.

［36］贺爱琳，杨新军，陈佳等．乡村旅游发展对农户生计的影响——以秦岭北麓乡村旅游地为例［J］．经济地理，2014，34（12）：174－181.

［37］黄细嘉，赵晓迪．旅游型乡村建设要素与乡村振兴战略要义［J］．旅游学刊，2018，33（7）：5－6.

[38] 贾旭东，谭新辉．经典扎根理论及其精神对中国管理研究的现实价值 [J]．管理学报，2010，7 (5)：656－665.

[39] 黎洁，李亚莉，邰秀军等．可持续生计分析框架下西部贫困退耕山区农户生计状况分析 [J]．中国农村观察，2009 (5)：29－38.

[40] 李刚，徐虹．影响我国可持续旅游扶贫效益的因子分析 [J]．旅游学刊，2006 (9)：64－69.

[41] 李会琴，侯林春，杨树旺等．国外旅游扶贫研究进展 [J]．人文地理，2015 (1)：26－32.

[42] 李会琴，李晓琴，侯林春．黄土高原生态环境脆弱区旅游扶贫效应感知研究 [J]．旅游研究，2012 (4)：1－6.

[43] 李佳，成升魁，马金刚等．基于县域要素的三江源地区旅游扶贫模式探讨 [J]．资源科学，2009 (11)：1818－1824.

[44] 李佳，钟林生，成升魁．中国旅游扶贫研究进展 [J]．中国人口·资源与环境，2009 (3)：156－162.

[45] 李亮，高利红．论我国重点生态功能区生态补偿与精准扶贫的法律对接 [J]．河南师范大学学报（哲学社会科学版），2017，44 (5)：65－71.

[46] 李文兵．国外传统村落旅游研究及对我国的启示 [J]．地理与地理信息科学，2009 (25)：104－108.

[47] 李喜梅．河南省生态旅游与精准扶贫协调发展的 SWOT 分析 [J]．地域研究与开发，2017，36 (6)：76－83.

[48] 李小建．经济地理学的微观研究 [J]．经济地理，2011，31 (6)：881－887.

[49] 李小建，李国平，曾刚等．经济地理学 [M]．北京：高等教育出版社，2006.

[50] 李小民，郭英之，张秦．精准扶贫背景下少数民族居民旅游增权参与模型机理实证研究 [J]．贵州民族研究，2017，38 (11)：40－46.

[51] 李燕琴．旅游扶贫村寨社区压力应对的 ABCD－X 模式 [J]．旅游学刊，2015，30 (11)：40－50.

[52] 李燕琴．旅游扶贫中社区居民态度的分异与主要矛盾 [J]．地理

研究，2011（11）：2030－2042.

［53］李志龙．乡村振兴——乡村旅游系统耦合机制与协调发展研究［J］．地理研究，2019，38（3）：643－654.

［54］厉新建，贾然，傅林峰．全域旅游战略的需求侧视角［J］．旅游导刊，2018（1）：87－91.

［55］厉新建，马蕾，陈丽嘉．全域旅游发展：逻辑与重点［J］．旅游学刊，2016，31（9）：22－24.

［56］刘德光，王朝举，刘玲．少数民族地区农户对旅游发展的福利感知研究——以贵州肇兴侗寨为例［J］．贵州社会科学，2019（5）：88－93.

［57］刘建平，樊亚东，李湘湘．乡村振兴战略下乡村旅游开发探析［J］．湖南理工学院学报（自然科学版），2018，31（3）：45－50.

［58］刘丽梅，吕君．中国社区参与旅游发展研究述评［J］．地理科学进展，2010，29（8）：1018－1024.

［59］刘秀丽，张勃，杨晓东等．农户生计资本对旅游区农户生活满意度的影响——基于五台山景区的调查数据［J］．干旱区资源与环境，2018，32（11）：195－201.

［60］刘彦随．中国新时代城乡融合与乡村振兴［J］．地理学报，2018，73（4）：637－650.

［61］刘彦随，周扬，刘继来．中国农村贫困化地域分异特征及其精准扶贫策略［J］．中国科学院院刊，2016，31（3）：269－278.

［62］刘杨星，黄毅．西部民族地区乡村旅游扶贫机理与路径选择［J］．农村经济，2018（11）：73－79.

［63］刘玉春，贾璐璐．全域旅游助推县域经济发展——以安徽省旌德县为例［J］．经济研究参考，2015（37）：97－101.

［64］卢冲，耿宝江，庄天慧等．藏区贫困农牧民参与旅游扶贫的意愿及行为研究——基于四川藏区23县（市）1320户的调查［J］．旅游学刊，2017（1）：64－76.

［65］罗楚亮．农村贫困的动态变化［J］．经济研究，2010（5）：123－138.

［66］罗文斌，孟贝，唐沛等．土地整理、旅游发展与农户生计的影

响机理研究 [J]. 旅游学刊, 2019, 34 (11): 96-106.

[67] 罗鲜荣, 王玉强, 保继刚. 旅游减贫与旅游再贫困: 旅游发展中不同土地利用方式对贫困人口的影响 [J]. 人文地理, 2017 (4): 127-134.

[68] 马海鹰, 吴宁. 全域旅游发展首在强化旅游综合协调体制机制 [J]. 旅游学刊, 2016, 31 (12): 15-17.

[69] 马忠玉. 论旅游开发与消除贫困 [J]. 中国软科学, 2001 (1): 4-8.

[70] 苗学玲, 保继刚. "众乐乐": 旅游虚拟社区"结伴旅行"之质性研究 [J]. 旅游学刊, 2007, 22 (8): 48-54.

[71] 乔陆印, 何琼峰. 改革开放40年中国农村扶贫开发的实践进路与世界启示 [J]. 社会主义研究, 2018 (6): 67-75.

[72] 秦其文. 湘鄂渝黔边旅游扶贫开发研究 [J]. 地域研究与开发, 2004, 23 (4): 68-72.

[73] 邱玮, 白长虹. 基于扎根理论的旅游品牌内化研究 [J]. 旅游学刊, 2012, 27 (10): 46-52.

[74] 屈冬玉. 以信息化加快推进小农现代化 [J]. 智慧中国, 2019 (7): 28-31.

[75] 荣金凤, 闵庆文, 郑林. 贫困地区的生态旅游资源及其可持续利用探讨 [J]. 资源科学, 2007, 29 (1): 112-117.

[76] 史玉丁, 李建军. 乡村旅游多功能发展与农村可持续生计协同研究 [J]. 旅游学刊, 2018, 33 (2): 15-26.

[77] 舒伯阳, 刘玲. 乡村振兴中的旅游乡建与包容性发展 [J]. 旅游学刊, 2018, 33 (7): 9-10.

[78] 舒小林. 新时期民族地区旅游引领产业群精准扶贫机制与政策研究 [J]. 西南民族大学学报 (人文社科版), 2016, 37 (8): 130-136.

[79] 宋瑞. 如何看待和发展"全域旅游" [J]. 旅游导刊, 2018 (1): 82-87.

[80] 宋德义, 李立华. 国外旅游减贫研究述评 [J]. 地理与地理信息科学, 2014 (3): 88-92.

［81］宋德义，李立华．国外旅游减贫研究述评——基于经济学理论研究和旅游减贫实践的视角［J］．地理与地理信息科学，2014，30（3）：88－92.

［82］宋子千．新时代乡村旅游发展的使命和方略［EB/OL］．http：//www. ctaweb. org/html/2017－11/2017－11－24－9－7－43963. html，2017－11－24.

［83］苏芳，徐中民，尚海洋．可持续生计分析研究综述［J］．地球科学进展，2009，24（1）：61－69.

［84］苏小燕．乡村旅游精准扶贫的创新路径——基于社会保障理论的思考［J］．地域研究与开发，2017，36（2）：89－93.

［85］孙凤芝，许峰．社区参与旅游发展研究评述与展望［J］．中国人口·资源与环境，2013，23（7）：142－148.

［86］孙九霞，保继刚．从缺失到凸显：社区参与旅游发展研究脉络［J］．旅游学刊，2006（7）：63－68.

［87］唐晓云：从大数据看中国乡村旅游发展［DB/OL］. http：//www. sohu. com/a/141742957_124717，2017－5－19.

［88］唐永芳．湖南省乡村旅游空间布局及生态环境安全评价［J］．中国农业资源与区划，2018，39（5）：231－236.

［89］陶恒．新结构经济学视野下民族地区旅游精准扶贫的系统构建与实施路径［J］．经济体制改革，2018（4）：50－55.

［90］滕茜，杨勇，布倩楠等．基于网络文本的景区感知及互动研究——以上海为例［J］．旅游学刊，2015，30（2）：33－41.

［91］童广路，刘庆广．全域旅游视野下的民族文化旅游资源开发研究［J］．贵州民族研究，2018（4）：175－179.

［92］汪德根，王金莲，陈田等．乡村居民旅游支持度影响模型及机理［J］．地理学报，2011，66（10）：1413－1426.

［93］汪三贵，Park A.，Chaudhuri S. 等．中国新时期农村扶贫与村级贫困瞄准［J］．管理世界，2007（1）：56－64.

［94］汪三贵，郭子豪．论中国的精准扶贫［J］．贵州社会科学，2015（5）：147－150.

[95] 汪三贵. 在发展中战胜贫困——对中国30年大规模减贫经验的总结与评价 [J]. 管理世界, 2008 (11): 78-88.

[96] 汪三贵, 曾小溪. 从区域扶贫开发到精准扶贫——改革开放40年中国扶贫政策的演进及脱贫攻坚的难点和对策 [J]. 农业经济问题, 2018 (8): 76-87.

[97] 汪侠, 吴小根, 章锦河等. 贫困地区旅游开发居民满意度: 差异及其成因 [J]. 旅游科学, 2011 (3): 45-56.

[98] 王超, 罗兰. 贵州少数民族地区特色旅游产业精准扶贫路径研究 [J]. 贵州师范大学学报 (自然科学版), 2018, 36 (1): 8-18.

[99] 王佳果, 韦俊峰, 吴忠军. 全域旅游: 概念的发展与理性反思 [J]. 旅游导刊, 2018 (3): 66-70.

[100] 王瑾, 张玉钧, 石玲. 可持续生计目标下的生态旅游发展模式 [J]. 生态学报, 2014, 34 (9): 2388-2400.

[101] 王莉, 陆林. 国外旅游地居民对旅游影响的感知与态度研究综述及启示 [J]. 旅游学刊, 2005, 20 (3): 87-93.

[102] 王耀斌, 陆路正, 魏宝祥等. 多维贫困视角下民族地区乡村旅游精准扶贫效应评价研究 [J]. 干旱区资源与环境, 2018, 32 (12): 192-198.

[103] 王永明, 王美霞, 李瑞等. 基于网络文本内容分析的凤凰古城旅游地意象感知研究 [J]. 地理与地理信息科学, 2015, 31 (1): 64-67.

[104] 王云, 马丽, 刘毅. 城镇化研究进展与趋势——基于CiteSpace和HistCite的图谱量化分析 [J]. 地理科学进展, 2018, 37 (2): 239-254.

[105] 王兆峰. 湘西凤凰县民族文化旅游创意产业商业模式研究 [J]. 湖南师范大学社会科学学报, 2010, 39 (2): 88-92.

[106] 魏后凯. 2020年后中国减贫的新战略 [J]. 中州学刊, 2018 (9): 36-42.

[107] 文传浩, 许芯萍. 流域绿色发展、精准扶贫与全域旅游融合发展的理论框架 [J]. 陕西师范大学学报 (哲学社会科学版), 2018, 47 (6): 39-46.

[108] 吴吉林，刘水良，周春山. 乡村旅游发展背景下传统村落农户适应性研究——以张家界4个村为例 [J]. 经济地理，2017，37（12）：232-240.

[109] 吴铮争，杨新军. 论西部旅游扶贫与生态环境建设 [J]. 干旱区资源与环境，2004，18（1）：31-35.

[110] 席建超，张楠. 乡村旅游聚落农户生计模式演化研究——野三坡旅游区苟各庄村案例实证 [J]. 旅游学刊，2016，31（7）：65-75.

[111] 辛纪元，曹务坤，勾清芸. 贵州民族村寨旅游扶贫链接机制完善研究 [J]. 贵州民族研究，2015，36（8）：189-192.

[112] 邢慧斌，席建超. 燕山—太行山片区旅游精准扶贫模式创新研究 [J]. 河北大学学报（哲学社会科学版），2017，42（2）：118-125.

[113] 徐虹，王彩彩. 新时代下的乡村旅游研究再思考 [J]. 旅游导刊，2018（2）：20-40.

[114] 徐少癸，甘永萍，方世巧. 国内旅游精准扶贫机制研究综述 [J]. 旅游论坛，2019，12（1）：1-8.

[115] 徐旭初，吴彬. 合作社是小农户和现代农业发展有机衔接的理想载体吗? [J]. 中国农村经济，2018（11）：80-95.

[116] 鄢慧丽，王强，熊浩等. 海南省少数民族地区旅游扶贫效率测度与时空演化分析 [J]. 中国软科学，2018（8）：63-76.

[117] 杨娟，郑秀国，吴子平等. 都市农业区发展特征与实现乡村振兴的对策措施研究 [J]. 农业现代化研究，2019，40（2）：181-188.

[118] 杨妮，马耀峰，白凯. 基于扎根理论的城市形象定位研究 [J]. 城市发展研究，2010，17（11）：72-76.

[119] 杨兴柱，陆林，王群. 农户参与旅游决策行为结构模型及应用 [J]. 地理学报，2005（60）：928-940.

[120] 杨振之. 全域旅游的内涵及其发展阶段 [J]. 旅游学刊，2016，31（12）：1-3.

[121] 杨正光，王智勇，张毅. 旅游精准扶贫背景下的村庄“内涵式”再生规划策略 [J]. 规划师，2018，34（12）：34-39.

[122] 叶敬忠，豆书龙，张明皓. 小农户和现代农业发展：如何有机

衔接［J］. 中国农村经济，2018，407（11）：66－81.

［123］银马华，王群，杨兴柱等. 区域旅游扶贫类型与模式研究——以大别山集中连片特困区36个县（市）为例［J］. 经济地理，2018，38（4）：215－224.

［124］尹立杰，张捷，韩国圣等. 基于地方感视角的乡村居民旅游影响感知研究［J］. 地理研究，2012（10）：1916－1926.

［125］游俊，冷志明，丁建军. 连片特困区蓝皮书：中国连片特困区发展报告（2013）——武陵山片区多维减贫与自我发展能力构建［M］. 北京：社会科学文献出版社，2013.

［126］余利红. 基于匹配倍差法的乡村旅游扶贫农户增收效应［J］. 资源科学，2019，41（5）：955－966.

［127］喻忠磊，杨新军，杨涛. 乡村农户适应旅游发展的模式及影响机制——以秦岭金丝峡景区为例［J］. 地理学报，2013，68（8）：1143－1156.

［128］曾本祥. 中国旅游扶贫研究综述［J］. 旅游学刊，2006（2）：89－94.

［129］曾福生，卓乐. 实施乡村振兴战略的路径选择［J］. 农业现代化研究，2018，39（5）：709－716.

［130］张春友，陈秋华，刘森茂. 农户参与乡村旅游扶贫适应性评价指标体系研究［J］. 林业经济问题，2019，39（6）：607－614.

［131］张红艳. 乡村战略振兴背景下乡村旅游发展路径探索——以湘西十八洞村为例［J］. 农业经济，2018（9）：53－55.

［132］张辉. 中国旅游发展笔谈——全域旅游（一）［J］. 旅游学刊，2016，31（9）：15.

［133］张建雷，席莹. 关系嵌入与合约治理——理解小农户与新型农业经营主体关系的一个视角［J］. 南京农业大学学报（社会科学版），2019（2）.

［134］张英男，龙花楼，马历等. 城乡关系研究进展及其对乡村振兴的启示［J］. 地理研究，2019，38（3）：578－594.

［135］张天问，吴明远. 基于扎根理论的旅游幸福感构成——以互联

网旅游博客文本为例 [J]. 旅游学刊, 2014, 29 (10): 51-60.

[136] 张伟, 张建春. 国外旅游与消除贫困问题研究评述 [J]. 旅游学刊, 2005, 20 (1): 90-96.

[137] 张伟, 张建春, 魏鸿雁. 基于贫困人口发展的旅游扶贫效应评估 [J]. 旅游学刊, 2005, 20 (5): 43-49.

[138] 张文亭, 骆培聪. 基于网络文本的目的地旅游形象游客感知与官方传播对比研究——以福建永定土楼为例 [J]. 福建师范大学学报 (自然科学版), 2017, 33 (1): 90-98.

[139] 张英, 张炎, 彭苑. 民族地区旅游就业效应研究——以湖南凤凰县为例 [J]. 湖南社会科学, 2012 (3): 125-128.

[140] 赵黎光, 刘明菊. "全域旅游" 发展回顾与展望——理论与实践的双重视角 [J]. 商业经济研究, 2018 (10): 183-185.

[141] 赵玉宗, 李东和, 黄明丽. 国外旅游地居民旅游感知和态度研究综述 [J]. 旅游学刊, 2005 (4): 85-92.

[142] 中国旅游集团. 以旅游扶贫破解 "美丽贫困" [EB/OL]. http: //www.chinareports.org.cn/yqfp/2018/1015/6343.html, 2018-10-15.

[143] 中国旅游研究院. 世界旅游发展报告2018——旅游促进减贫的全球进程与时代诉求 [EB/OL]. http: //www.ctaweb.org/html/2018-9/2018-9-25-14-58-30700.html, 2018-9-25.

[144] 钟小东, 赵影. 以乡村文化为核心要素发展海南乡村旅游 [J]. 农业现代化研究, 2019, 40 (1): 81-88.

[145] 周歆红. 关注旅游扶贫的核心问题 [J]. 旅游学刊, 2002 (1): 17-21.

[146] 朱宝莉, 刘晓鹰. 精准扶贫视域下的民族地区全域旅游: 经验和思考 [J]. 社会科学家, 2018 (2): 104-109.

[147] 朱磊, 胡静, 许贤棠等. 中国旅游扶贫地空间分布格局及成因 [J]. 中国人口·资源与环境, 2016, 26 (11): 130-138.

[148] 左冰. 分配正义: 旅游发展中的利益博弈与均衡 [J]. 旅游学刊, 2016, 31 (1): 12-21.

[149] 左冰. 共容利益: 社区参与旅游发展之利益协调 [J]. 旅游科

学，2013，27（1）：1－14.

［150］ Blake A，Saba Arbache J，Sinclair T et al.. Tourism and Poverty Relief［J］. *Annals of Tourism Research*，2008，35（1）：107－126.

［151］ Buckley R，Shakeela A，Guitart D. Adventure Tourism and Local Livelihoods［J］. *Annals of Tourism Research*，2014，48：269－272.

［152］ Bynum Boley B，McGehee N G，Perdue R R et al.. Empowerment and Resident Attitudes toward Tourism［J］. *Annals of Tourism Research*，2014：49，33－50.

［153］ Deller S. Rural Poverty，Tourism and Spatial Heterogeneity［J］. *Annals of Tourism Research*，2010，37（1）：180－205.

［154］ Haija A A A. Jordan：Tourism and Conflict with Local Communities［J］. *Habitat International*，2011，35：93－100.

［155］ Incera A C，Fernǘndez M F. Tourism and Income Distribution：Evidence from a Developed Regional Economy［J］. *Tourism Management*，2015，48：11－20.

［156］ Iorio M，Corsale A，Iorio M et al.. Rural Tourism and Livelihood strategies in Romania［J］. *Journal of Rural Studies*，2010，26（2）：152－162.

［157］ Iorio M，Wall G. Behind the Masks：Tourism and Community in Sardinia［J］. *Tourism Management*，2012，33（6）：1440－1449.

［158］ Jiang M，DeLacy T，Mkiramweni N P et al.. Some Evidence for Tourism Alleviating Poverty［J］. *Annals of Tourism Research*，2011，38（3）：1181－1184.

［159］ Matarrita－Cascante D. Beyond Growth Reaching Tourism-led Development［J］. *Annals of Tourism Research*，2010，37（4）：1141－1163.

［160］ Muhanna E. The Contribution of Sustainable Tourism Development in Poverty Alleviation of Local Communities in South Africa［J］. *Journal of Human Resources in Hospitality & Tourism*，2007，6（1）：37－67.

［161］ Murphy P E. *Tourism：A Community Approach*［M］. New York：Methuen，1985.

[162] Okazaki E. A Community-based Tourism Model [J]. *Journal of Sustainable Tourism*, 2008, 16 (5): 511 – 529.

[163] Pillay M, Rogerson C M. Agriculture-tourism Linkages and Pro-poor impacts [J]. *Applied Geography*, 2013, 36 (1): 49 – 58.

[164] Prabhakaran S, Nair V, Ramachandran S. Community Participation in Rural Tourism: Towards a Conceptual Framework [J]. *Procedia – Social and Behavioral Sciences*, 2014, 50: 290 – 295.

[165] Rahmawati D, D R, Rahmawati D et al. . Community Participation in Heritage Tourism for Gresik Resilience [J]. *Procedia – Social and Behavioral Sciences*, 2014, 135 (14): 142 – 146.

[166] Sebele L S. Community-based Tourism Ventures, Benefits and Challenges [J]. *Tourism Management*, 2010, 31 (1): 136 – 146.

[167] Shen F, Hughey K F D, Simmons D G. Connecting the Sustainable Livelihoods Approach and Tourism [J]. *Journal of hospitality and tourism management*, 2008, 15: 19 – 31.

[168] Simpson M C. Community Benefit Tourism Initiatives [J]. *Tourism Management*, 2008, 29: 1 – 18.

[169] Taylor G. The Community Approach: Does it Really Work [J]. *Tourism Management*, 1995, 16 (7): 487 – 489.

[170] Tolkach D, King B. Strengthening Community – Based Tourism in a New Resource-based Island Nation: Why and How [J]. *Tourism Management*, 2015 (48): 386 – 398.

[171] Tosun C. Expected Nature of Community Participation in Tourism Development [J]. *Tourism Management*, 2006, 27 (3): 493 – 504.

[172] Tosun C. Limits to Community Participation in the Tourism Development Process in Developing Countries [J]. *Tourism Management*, 2000, 21 (6): 613 – 633.

[173] Webster C, Ivanov S. Transforming Competitiveness into Economic Benefits: Does Tourism Stimulate Economic Growth in More Competitive Destinations [J]. *Tourism Management*, 2014, 40 (1): 137 – 140.

[174] Zeng B, Ryan C. Assisting the Poor in China through Tourism Development: A Review of Research [J]. *Tourism Management*, 2012, 33 (2): 239 -248.

致　谢

本书是国家自然科学基金“农户可持续生计视角下我国乡村旅游精准扶贫研究”（41501193）的资助成果。书稿撰写过程中得到了湖南省凤凰县文化和旅游主管部门、相关村镇在调研中的各类指导与帮助，以及中国科学院地理资源与研究院宁志中高级工程师、中国农业科学院农业经济与发展研究所陈秧分研究员、河南大学文化产业与旅游管理学院研究生张月、中央民族大学管理学院研究生宋世通等的大力协助。本书的顺利出版，得到了中国旅游研究院院领导及科研财务部门、经济科学出版社的大力支持，在此表示一并感谢。